Pierre-Joseph Proudhon,
portraitiert von Gustave Courbet 1865, Musée d'Orsay

Pierre-Joseph Proudhon (1809 bis 1865), französischer Revolutionär, «Vater des Anarchismus», Konkurrent von Karl Marx, was den Einfluss auf die europäischer Arbeiterbewegung betrifft: Sollte die Revolution freiheitlich sein oder diktatorisch? Sollte sie die Staatsgewalt zentralisieren oder dezentralisieren? Sollte sie Menschen vorschreiben, wie sie zu leben haben, oder ihnen die Chance eröffnen, selber herauszufinden, was sie wollen? Proudhons drei hier erstmals auf deutsch übersetzte und edierte Essays aus den Jahren 1862 & 1864 behandeln am Beispiel der Einigungsbewegung Italiens seine Kritik am Zentralismus und seine Alternative: Föderalismus. Aktueller denn je.

Pierre-Joseph PROUDHON FÜR DEZENTRALE NATIONEN

ÜBERTRAGEN, HERAUSGEGEBEN
UND KOMMENTIERT
VON STEFAN BLANKERTZ

EDITION G. 122

Rothbard Institut
FÜR IDEOLOGIEKRITIK

Originalausgabe
edition g. 122

Herstellung und Verlag:
BoD – Books on Demand, Norderstedt

© 2022 von Vorwort & Übertragung:
Stefan Blankertz
(Proudhons Text ist, natürlich, gemeinfrei)

Umschlagbild:
«Pierre-Joseph Proudhon et ses enfants en 1853»
Gustave Courbet, CC0, Musée des Beaux-Arts
Rekonstruktion der ursprünglichen Fassung:
June Cinciarella, 2022 (siehe hierzu Seite 25f)

ISBN 978-3-7557-0769-1

Inhalt

Zur deutschen Ausgabe

Er erklärte der Welt den Frieden

In seinem Mazzini-Essay schreibt Proudhon, Frankreich scheine die Ehre vorbehalten zu sein, der Welt das Signal zur Abrüstung zu geben (siehe S. 44; vgl. auch S. 102).
Eine selbst für Proudhon so eigenartige Aussage, dass die Herausgeber der Nouvelle Édition der Œuvres Complètes, Band «Du Principe fédératif», Paris 1959, sich auf die Suche nach ihrem Ursprung gemacht haben. Victor Hugo oder Jules Michelet ordnet man das Diktum zu, «Im 20. Jahrhundert wird Frankreich der Welt den Frieden erklären»; allerdings wäre es bei keinem von beiden nachweisbar. — Solche Zuordnung findet sich nach wie vor, und nach wie vor ohne Quellenangabe. — Proudhon könne demzufolge, schließen sie (S. 89f, Fn. 17), «der erste gewesen sein, der die Mission Frankreichs darin sah, der Welt den Frieden zu erklären».
Der Welt den Frieden erklären, eine so schöne Idee wie Paul Goodmans Vorschlag, «Frieden (statt Krieg) zu führen».

Pierre-Joseph Proudhon
photographiert von Nadar, ca. 1860
gemeinfrei (BNF)

«Regiert zu werden heißt, bei jedem Tun, bei jedem Handel, bei jeder Bewegung gemeldet, registriert, taxiert, besteuert, abgestempelt, ausgemessen, bewertet, beurteilt, nach Genehmigung, Berechtigung, Zulassung gefragt, veränderten Bedingungen unterworfen, zurechtgewiesen, behindert, bevormundet, korrigiert und bestraft zu werden. Es heißt, unter dem Vorwand des öffentlichen Nutzens und im Namen des allgemeinen Interesses eingezogen, gedrillt, verkauft, ausgebeutet, monopolisiert, korrumpiert, bedrängt, gefoppt, beraubt zu werden; dann, beim geringsten Widerstand, beim ersten Wort der Klage, unterdrückt, mit Bußgeld belegt, geschmäht, schikaniert, gejagt, denunziert, verprügelt, entwaffnet, gefesselt, eingesperrt, vernichtet, erschossen, verdammt, verurteilt, deportiert, geopfert, verkauft, verraten, darüber hinaus noch zum Spielball gemacht, betrogen, beleidigt, entehrt zu werden. Das heißt Regierung, das ist ihre Gerechtigkeit, das ist ihre Moral!»
Pierre-Joseph Proudhon 1851[1]

«Proudhon ist [...] keineswegs der Meinung, dass der Prozess der Dezentralisation auf den verschiedenen Gebieten bereits zur Reife gediehen sei. Im Gegenteil: auf dem Gebiet der Politik sieht er im Bewusstsein und Willen der Menschen eine gegenteilige Bewegung, die von schwerwiegender Bedeutung ist. ‹Ein Fieber der Zentralisation›, schreibt er 1861, ‹durchzieht die Welt; man möchte sagen, die Menschen seien dessen müde, was ihnen an Freiheit bleibt, und begehrten bloß, es zu verlieren.›»
Martin Buber 1945[2]

1 Pierre-Joseph Proudhon, *Idée générale de la Révolution au dix-neuvième siècle*, Paris 1851, S. 341.
2 Martin Buber, *Pfade in Utopia* (1945/1950), Heidelberg 1985, S. 72. Das Zitat im Original: «Une fièvre de centralisation court le monde; on dirait

«Wer hat Größe und Ruhm des mittelalterlichen Italiens geschaffen? Sicherlich war es weder das Papsttum noch das Reich. Vielmehr waren es die kommunalen Freiheiten und inneren Konflikte von Meinungen und Parteien. Napoléon III hatte die Kämpfe in Frankreich endlich erstickt, und zugleich damit tötete er Frankreich. Möge das Schicksal [... Italien ...] vor einer Zeit bewahren, in der alle Geister sich beruhigen und miteinander übereinstimmen. Das wäre der Zeitpunkt des Todes von Italien. [...] Ich werde nicht müde zu wiederholen: Einheitlichkeit, das ist der Tod. Vielfalt ist Leben. Disziplinierende Einheit, die in allen sozialen Umfeldern sich nur zum Nachteil kreativer Spontaneität von Denken und Leben herstellen lässt, tötet Nationen. Die lebendige, wirklich kraftvolle Einheit, die wir alle wollen, ist diejenige, die die Freiheit im Herzen freier und vielfältiger Erscheinungsformen des Lebens schafft, ausgedrückt durch die Reiberei, die alle lebendigen Kräfte in ein Gleichgewicht bringt und harmonisiert.»
Michael Bakunin 1872[1]

«Je einheitlicher [eine Regierung] ist, um so mehr Schaden kann sie stiften.»
Thomas von Aquin 1270[2]

que les hommes sont las de ce qui leur reste de liberté et ne demandent qu'à la perdre.» Pierre-Joseph Proudhon, *Théorie de l'Impôt* (1861), in: Œuvres Complètes, Band 15, Paris 1868, S. 304.
1 Michael Bakunin, *Unterschied ist Leben, Harmonie der Tod: Ein Brief 1872*, Berlin 2020 (edition g. 117), S. 65, S. 68.
2 Thomas von Aquin, *Jede Macht ist illegal: Vom Prinzip der Führung* (De regimine principum, um 1270), Berlin 2021 (edition g. 121), S. 27.

Mitte des 19. Jahrhunderts, ganz Europa befindet sich im nationalen Fieber. Auf der einen Seite gärt es im Vielvölkerstaat Österreich, der sich nach der Niederlage von Kaiser Napoléon I 1815 zur europäischen Groß- und Ordnungsmacht mauserte; die Völker streben nach nationaler Unabhängigkeit. Auf der anderen Seite streben in Deutschland und Italien die nationalen Kräfte die Beseitigung der verhassten Kleinstaaterei an, um einen zentralisierten großen Nationalstaat zu schaffen. Die nationalen Kräfte sind allerdings tief gespalten, die einen sehen in den neu zu schaffenden Einheitsstaaten den Hebel, um die Herrschaft der Fürsten, Kleriker, Könige und Kaiser zu überwinden und eine Republik einzurichten; die Monarchisten dagegen träumen von starken Kolonialreichen, um mit England und Frankreich gleichziehen zu können. Aber die Republikaner sind auch noch einmal gespalten in Liberale, die sich einen militärisch starken Einheitsstaat als Grundlage der Republik vorstellen, der jedoch wenig in die Wirtschaft eingreift, und in die Frühsozialisten, die genau das Gegenteil mit dem Einheitsstaat im Sinn haben. Trotz der uneinheitlichen Interessen hinter der Einheit gibt es außer einigen Traditionalisten und Romantikern kaum ausdrücklichen Widerstand gegen die Idee der Einheit als solche. Gleichwohl ist besonders für Italien festzuhalten, dass die überwältigende Mehrheit der Bevölkerung der Einigungsbewegung feindselig und höchstens gleichgültig gegenüber steht.

Es gibt einen Mann, der den Vorbehalten geknechteter und armer Menschen Ausdruck verleiht: Pierre-Joseph Proudhon (1809-1865). Als französischer Revolutionär nennt er sich Sozialist, Demokrat, auch Patriot, freilich in einer ganz anderen als der heute üblichen Weise: Für ihn ist das Prinzip der Revolution nicht der starke Einheitsstaat, vielmehr die eigenständige, also sich selbst verwaltende Kommune, die mit anderen Kommunen durch freiwillige Föderation Verbindungen eingeht. Keine Armee, keine Bürokratie, keine Steuern, keine Überwachung: Für seine neuen Ideen erfindet er den Begriff «Anarchismus». Bei der Auseinandersetzung mit der Einigungsbewegung in Italien kommen seine Vorstellungen prägnant zum Ausdruck. Proudhon und nach seinem Tod Michael Bakunin[1] prägten die sozialistische Bewegung Europas als Gegengewicht gegen die Staatsorientierung der (marxistischen) Sozialdemokratie vor der Zeit, als 1917 die kleine Pressure Group der marxistisch-leninistischen Bolschewisten die Fäden der Russischen Revolution per Staatsstreich in die Hand nahm; von da an reklamierten die «Kommunisten» bis zum Untergang der Sowjetunion Ende des 20. Jahrhunderts für sich, die eigentliche revolutionäre Kraft zu sein.

Wie in anderen europäischen Regionen kam es auch in der Region Italien 1848/49 zu Aufständen gegen Fürsten und Könige. Unter der Führung des Königreichs Piemont-Sardinien führten verschiedene italienische Staaten Krieg gegen Österreich, um die in österreichischer Oberhoheit befindliche Lombardei zu befreien, unterlagen jedoch. Dies war der sogenannte «erste italienische Unabhängigkeitskrieg».

Anders 1859 der «zweite italienische Unabhängigkeitskrieg»: Mit der Unterstützung des französischen Kaisers Napoléon III gelang es Truppen von Piemont-Sardinien, Österreich entscheidend zu schlagen. Dies ist der Sieg von Solferino 1859. Allerdings war Kaiser Napoléon III nicht unbedingt an einem italienischen Einheitsstaat interessiert; er favorisierte eher die Föderation der bestehenden

1 Mehr zu Bakunin siehe unten, S. 21f.

italienischen Staaten und drang auf eine Unantastbarkeit
des päpstlichen Herrschaftsbereichs rund um Rom; deshalb stationierte er dort Truppen, um den Papst gegen die
kirchenfeindlichen Kräfte in der italienischen Einigungsbewegung (die Freimaurer Guiseppe Mazzini und Guiseppe
Garibaldi) zu schützen.

Mazzini zog sich empört zurück, während Garibaldi,
eine Art Räuberhauptmann (obgleich er stets als «General»
tituliert wird), 1860 den legendären «Zug der 1000» Freiwilligen organisierte. Es gelang ihm, Sizilien einzunehmen
und sich dort zum Diktator ausrufen zu lassen. Auch erste
Erfolge gegen die päpstliche Armee verzeichnete er. Damit
wurde er zu einem ernstzunehmenden Gegner für die Vorherrschaft des Königs in Piemont-Sardinien. Bei Neapel
kam zu einem Aufeinandertreffen der Armee von König
Viktor-Emanuel II und von General Garibaldi. Allerdings
blieb die befürchtete militärisches Eskalation aus, da Garibaldi Viktor-Emanuel II als «König von Italien» begrüßte,
sich ihm unterwarf und anregte, die Kräfte zu bündeln, um
die Einheit Italiens qua Führung des Königs herzustellen.
Im März 1861 wurde die italienische Einheitsmonarchie
unter Viktor-Emanuel II errichtet; es fehlten freilich noch
Gebietsteile, die heute zu Italien gehören, etwa Venetien
(weiter unter österreichischer Hoheit) und der Rest des
Kirchenstaats (unter der Schutzherrschaft Frankreichs).

Dies war die Lage, in welcher Proudhon seine Aufsehen
erregenden Essays über und gegen die Einheit Italiens verfasste. Der *dritte* italienische Unabhängigkeitskrieg, der das
heutige Italien konstituierte und im Bündnis mit Preußen
(statt mit Frankreich) geführt wurde, fand nach Proudhons
Tod erst 1866 statt. Die opportunistische Bündnispolitik
des neuen Italiens hätte Proudhon nicht überrascht.

Als Preußen 1870 gegen Frankreich ins Feld zog, um die

deutsche Einigung ebenfalls mit dem monarchistischen Vorzeichen und mit der Hegemonie Preußens zu vollenden, frohlockte Karl Marx, nun endlich habe die Stunde geschlagen, in der die deutsche zentralistische Arbeiterbewegung über die Proudhonisten obsiege.[1] Obwohl er, nachdem mitten in der Niederlage Frankreichs die «Pariser Kommune» für einige Monate im Jahre 1871 als die erste sozialistische Revolution ausbrach, einen Kotau vor den kommunalistischen Ideen machte,[2] sollte er mittelfristig Recht behalten: Die Vorherrschaft Deutschlands etablierte das Prinzip des Zentralismus auch in der Opposition.

DIE DREI GESICHTER DES PROUDHON

Der Revolutionär. Dass Proudhon sich in erster Linie als Revolutionär sah, daran besteht kein Zweifel. Eine seiner in den 1960er Jahren wieder aufgelegten Schriften trägt den Titel: «Bekenntnisse eines Revolutionärs im Dienst der Februarrevolution [von 1830]». Ebenso bezeichnete er sich als «Demokrat» und als «Sozialist»; aber schnell geriet er in Auseinandersetzungen sowohl mit bürgerlich-liberalen Demokraten als auch mit den proletarisch-revolutionären Sozialisten. Während diese beiden Kräfte der Veränderung des 19. Jahrhunderts vor allem an der Konsolidierung und Verstärkung der zentralen Staatsgewalt interessiert waren, erblickte Proudhon in der Dezentralisation und der Selbst-

---

1 Brief an Engels, 20. Juli 1870, MEW 33, S. 5. — Dass Marx seiner Theorie nach Anarchokapitalist war, habe ich verschiedentlich nachgewiesen (*Mit Marx gegen Marx*, 2014; «Marx, der Anarchokapitalist», in: *Anarchokapitalismus*, 2015; «Karl Marx, ein Freund des Kapitalismus?», in: *Politik macht Ohnmacht*, 2017). In seiner Praxis versuchte er alles, um die Anarchisten als Nebenbuhler auszuschalten, was seine sinisteren Adepten von Lenin und Trotzki über Stalin und Mao bis hin zu Castro in blutige Tat umsetzten.
2 «Der Bürgerkrieg in Frankreich» (1871), MEW 17.

organisation das Prinzip der Revolution. Die legendären Jakobiner der Großen Französischen Revolution mit ihrem Tugendterror und Zentralismus stellten in der Analyse Proudhons nicht die Speerspitze der Revolution der Vernunft dar, sondern die Zerstörer der Revolution und die Verderber der Vernunft. Auch in den vorliegenden Essays dienen ihm das Substantiv *Jakobinismus* und das Adjektiv *jakobinistisch* als äußerste Form der Abqualifikation. Um seine neuen Ideen zu benennen, bemühte er eine ganze Reihe von Begriffen: Föderalismus, Kommunalismus (oder Munizipalismus), Mutualismus und vor allem Anarchismus, der Begriff, den er in die politische Theorie und Praxis einführte und der geschichtsmächtig wurde. Anarchisten gelten als geschichtsohnmächtige Verlierer. Doch dies ist eine verkürzte Sicht. Mit den Gewaltorgien der Staatsgewalt in Mexiko, in der UdSSR (Ukraine), in Italien und in Spanien (Katalonien, Andalusien) sind sie zwar ausradiert worden, doch hat die Idee nichts an ihrer Gültigkeit verloren: An ihr hängt die Zukunft der Menschheit, heute mehr denn je.

Der Konservative. Es focht Proudhon nicht an, dass er mit seiner Kritik am Zentralismus in die konservative Ecke rutschte. Als Hegelianer bewegte er sich behände in Widersprüchen, wenn er sich bisweilen auch in ihnen bis hin zu Peinlichkeiten verhedderte (siehe das dritte Gesicht Proudhons). Bezeichnend ist die starke Verankerung in Geschichte und Tradition, die der vermeintliche revolutionäre Umstürzler verficht. Die Menschen sollen sich in ihrem Tempo und in ihren ererbten Vorstellungen so entwickeln, wie sie es selbstorganisiert wollen. Akte der Gewalt und des Terrors, gehen sie nun vom Staat aus, von politischen gewaltsamen Bewegungen, um die Staatsgewalt zu erobern, oder von einzelnen Fanatikern, lehnt er kategorisch ab, wie auch Bakunin es tat, dem mehr noch als Proudhon der Ruf des wilden Revolutionärs um jeden Preis vorauseilte. Dass die herrschende Meinung (Meinung der Herrschenden) die Anarchisten dennoch mit unverantwortlichen Gewalttätern identifizierte, ist nur konsequent; tragisch aber ist, dass gegen Ende des 19. Jahrhunderts auch Anarchisten Terror als «Propaganda der Tat» ansahen und blindwütig agierten. Terror hatten bereits Proudhon und Bakunin ganz klar verworfen, und alle denkenden Anarchisten nach ihnen, sogar dann, wenn sie, wie zum Beispiel der Italiener Errico Malatesta (1853-1932), Gewaltanwendung in einer revolutionären Situation nicht ausschlossen. Falls es, um zu siegen, nötig sei, Guillotinen in Betrieb zu nehmen, würde er lieber auf den Sieg verzichten, hatte Malatesta 1924 verkündet.[1]

Im dialektischen Sinne konservativ ist auch Proudhons durchgängig indirekte Bezugnahme auf G. W. F. Hegel. Zweifellos zählt Proudhon als Revolutionär zu den sogenannten «Linkshegelianern»: Der Weltgeist bläst nicht nur (wie bereits bei Hegel selber der Fall) in die Richtung auf Zivilisation, Recht und Freiheit, sondern dies auch vorbei an den monarchistischen und sogar an den bekannten staatlichen Institutionen zur Emanzipation der Massen hin. Doch anders als Bakunin (ebenfalls Hegelianer) — und mehr wie Marx — ist Proudhon *nicht* der Auffassung, dass die Freiheit sich nach der subjektiven Bewusstseinslage der Unterdrückten per Revolution durchsetzen lasse: Vielmehr sei die objektive geschichtliche «Situation» entscheidend. Oder anders: In jeder gegebenen geschichtlichen Situation sei es angezeigt, sich mit den Kräften zu verbünden, die die Richtung des Weltgeistes erfasst haben, um auf diese Weise

1 Errico Malatesta, «Revolutionärer Terror» (1924), in: ders., *Gesammelte Schriften*, Band 2, Berlin 1980, S. 173.

näher an das Ideal der Freiheit heranzureichen. Zudem —
und diese Partien lesen sich teilweise grotesk — handeln
die Völker (Nationen) wie Individuen. An anderen Stellen
zwar schreibt Proudhon auch dem Fehlverhalten einzelner
Persönlichkeiten wie etwa Garibaldi eine geschichtliche
«Schuld» zu; dennoch, zugleich und dagegen stehen die
Aussagen, die es so erscheinen lassen, als eigne einem Volk
wie den Italienern in seiner Gesamtheit ein «Wille». Die
offenkundige Sympathie Proudhons für den «jungen König
von Sizilien» (Franz II) und die Anklänge von Verständnis
sogar für Kaiser Napoléon III — unter dessen Repression
Proudhon wohlgemerkt selber gelitten hat — fallen in den
Rahmen des Hegelschen Weltgeistes, den sie ihm zufolge
vertreten. Verdutzt reibt man sich seine Augen: Proudhon,
ein Revolutionär?

Der Reaktionär. Die Peinlichkeiten Proudhons will ich
hier nicht verschweigen. Glücklicherweise spielt die Feindschaft Proudhons gegen die Frauenbefreiung im vorliegenden Text keine Rolle. Bakunin und seine junge Frau haben
sich innerhalb der anarchistischen Bewegung erfolgreich
gegen die patriarchalischen Tendenzen der Proudhonisten
durchgesetzt. Eine antisemitische Bemerkung findet sich
im vorliegenden Text.[1] Proudhon aufgrund seines Antisemitismus in die Linie der Wegbereiter des Faschismus zu
stellen, übersieht freilich, dass der Faschismus immer auf
nationale Einheit, Zentralismus und Führerprinzip ein-
geschworen war, alles was Proudhon bekämpfte. Den Antisemitismus hat Bakunin, ausgelöst durch die Intrigen von
Marx gegen ihn, leider nicht korrigiert.[2] Nichts kann diese

1 Siehe S. 151. — Natürlich hat Proudhons Antisemitismus auch mit seiner
eines Anarchisten unwürdigen Feindschaft gegenüber Kapitalismus, Handel
und Spekulation zu tun.
2 Vgl. in: Walter Benjamin, Hugo Ball, Ricarda Huch, *Bakunin* (edition g. 116),
Hugo Balls Bakunin-Rezeption.

Idiotie rechtfertigen, aber immerhin wurden später Juden
wie Gustav Landauer (1870-1918) und dessen Freund
Martin Buber (1878-1965) zu den Weiterentwicklern und
Trägern der anarchistischen Gedanken (beide verehrten
Proudhon; Landauer sagte, er «liebe» Bakunin),[1] oder dann
Emma Goldman (1869-1940), Paul Goodman (1911-1972)
und Murray Rothbard (1926-1995). Und schließlich spielt
Proudhons kuriose Idee, das antike Diktum vom Krieg als
«Vater aller Dinge» aufzugreifen,[2] glücklicherweise im vor-
liegenden Text keine Rolle: Hier referiert Proudhon auf den
Krieg als das, was er ist, eine der äußersten Brutalitäten,
die der Staat gegen jene, die ihn ausmachen, einsetzt. —
Wer sich nicht vom Woke-Virus hat infizieren lassen, den
werden die Peinlichkeiten Proudhons kaum hindern, seine
höchst aktuellen und für eine bessere Zukunft unverzicht-
baren Gedanken zu würdigen, ohne die Peinlichkeiten im
Geringsten herunterspielen zu müssen.

[1] Gustav Landauer im Nachwort zu: Max Nettlau, *Michael Bakunin: Eine
biographische Skizze*, Berlin 1901, S. 57. Bubers Anarchismus war keine Episode. Sein politisches Hauptwerk, «Pfade in Utopia», verfasste er 1945 mit
67 Jahren, deutsch erschienen 1950. Es ist das erste anarchistische Buch,
das ich Ende 1970 oder Anfang 1971 las.
[2] «Es lebe der Krieg! Durch den Krieg erhebt sich der Mensch, kaum ent-
ronnen dem Schlamm, der ihm als Mutterleib dient, in seiner Majestät und
seiner Tapferkeit. Neben dem Leichnam eines besiegten Feindes träumt er
zum ersten Mal von Ruhm und Unsterblichkeit.» *La Guerre et la Paix* (1861),
Œuvres Complètes, Band 13, Paris 1869, S. 33. In dem posthum edierten
Manuskript «Napoléon III» dagegen heißt es knapp: «Abschaffung des Kriegs
ist das Ziel der Gesellschaft.» (Paris 1900, S. 13.) Proudhon war Hegelianer.
In seiner Art, Widersprüche unaufgehoben nebeneinander stehen zu lassen,
tat er es Friedrich Nietzsche gleich. Den Pazifisten — und Anarchisten — Leo
Tolstoi regte diese Schrift Proudhons zu seinem Roman «Krieg und Frieden»,
1869, an. Vgl. George Woodcock, *Anarchism: A History of Libertarian Ideas and
Movements*, New York 1962, S. 208. Genau besehen ist die Abschaffung des
Kriegs auch Ziel in Proudhons «La Guerre et la Paix», aber zunächst sei es notwendig, ihn zu verstehen («pour en finir avec la guerre il faut d'abord l'avoir
comprise», S. 40).

ZEHN JAHRE SPÄTER:
BAKUNIN VERSUS MAZZINI

1872, zehn Jahre nachdem Proudhon die ersten beiden der von mir edierten Essays geschrieben hatte, stirbt Mazzini. Der Russe Michael Bakunin (1814-1876) ist inzwischen in der Nachfolge Proudhons zum Sprecher föderalistischer, anarchistischer Strömungen europäischer Revolutionsbewegungen geworden. Mit einem Brief wendet er sich an einen jungen Gefolgsmann, der in Italien die Sektion der (ersten) Internationalen Arbeiterassoziation aufbaut.[1] Da der Gefolgsmann zum engeren Kreis um Garibaldi gehört, geht Bakunin vorsichtig ans Werk und verschont, anders als Proudhon, Garibaldi, um dann Mazzini, nach ein paar höflichen Worten der Wertschätzung, desto heftiger anzugreifen. Obwohl Bakunin im Ruf steht, kein Intellektueller wie Proudhon, sondern ein revolutionärer Draufgänger zu sein, ist es bezeichnend, dass er genau wie Proudhon den vom Volk und dessen Interessen losgelösten Aktionismus Mazzinis kritisiert, dass er im Hinblick auf marxistische Revolutionäre darauf besteht, es dürfe in und durch die Revolution niemandem eine Vorschrift gemacht werden, wie er zu leben und sich zu organisieren wünsche: Das sind die anarchistischen Grundsätze, die auf Freiwilligkeit in allen sozialen Belangen als oberstem Prinzip basieren.

Über die Folgen der hart erkämpften Einheit Italiens urteilt Bakunin bereits 1869, «der Triumph der nationalen Sache» habe, «anstatt alles neu zu beleben, alles zerstört, nicht nur der materielle Wohlstand, der Geist selbst war erstorben»: «Weniger als fünf Jahre Unabhängigkeit hatten genügt, um die Finanzen zu ruinieren, das ganze Land in eine ökonomische Situation ohne Ausweg zu stürzen, seine

1 Erstmalige deutsche Übersetzung als: «Unterschied ist Leben, Harmonie der Tod: Brief 1872» (edition g. 117).

Industrie, seinen Handel zu ersticken.»[1] Drei Jahre vorher, kurz nach dem Tod Proudhons beobachtete er: «Das unitäre Italien geht aus dem Leim, in allen italienischen Provinzen. Das Defizit, die Furcht vor den neuen Steuern, der bürokratische Schmutz und die Bedrückungen, die Stockungen in allen Geschäften und Unternehmen haben endlich ihre Wirkung auf die ganze Bevölkerung ausgeübt.» Und was tun Staaten, wenn sie drum verlegen sind, sich vor der eigenen Bevölkerung legitimieren zu müssen? «Es ist kein anderer Ausweg als der Krieg. Dasselbe scheint auch in Frankreich der Fall zu sein.»[2]

NOTIZ ZU DEUTSCHLAND

Proudhon behandelt Italien. Es fällt nicht schwer, das, was er für Italien analysiert, auf Deutschland und die deutsche Einheit zu übertragen. Von den Sachsen bis zu den Friesen durchzieht eine Blutspur die Herstellung eines «Deutschlands» mittels Staatsgewalt. Warum gehören die Franken zu Bayern und die Bayern zu Deutschland? Warum gelten «Deutsche» in Berlin, das auf ur-slawischem Gebiet liegt, als autochthon? Es gibt Deutschland so wenig wie Italien. Dass es Frankreich gibt, gesteht Proudhon zu, jedoch mit Tränen in den Augen: Wäre Italien föderalistisch geworden, hätte es, wie er ausruft, ein Vorbild für Frankreich werden können. Denn auch Frankreich bildet nur darum eine Einheit, weil es geschichtlich früher zwangsintegriert wurde. Die Bezwingung des kriegerischen Nationalstaats darf nun nicht über eine Installierung supra-nationaler Agenturen laufen, die die strukturelle Gewalt auf eine neue

1 Aus einem Brief an die Zeitung «Réveil» von 1869 (Michael Bakunin, *Gesammelte Werke*, Berlin 1921, Band 3, hg. von Max Nettlau, S. 150).
2 Michael Bakunin, Brief vom 23. März 1866 an Alexander Herzen und Nikolai Ogarjow. Zitiert nach: *Staatlichkeit und Anarchie und andere Schriften*, hg. von Horst Stuke, München 1972, S. 701.

Stufe heben, vielmehr durch Rückverwandlung in kleinere Einheiten, die ihrerseits nicht von einem gewaltsamen Nationalismus gekennzeichnet sind, wie ihn viele der im Zerfall der UdSSR und Jugoslawiens entstandenen neuen «Nationen» kennzeichnet: Sie behaupten nun ihrerseits das Recht, die von ihnen eingeschlossenen Minderheiten zu unterdrücken, genau wie vor ihnen die Staaten jeweils mit ihnen verfahren sind, ehe sie die Sezession vollziehen konnten.

ZUR AKTUALITÄT DER TEXTE

Aktuell erleben wir eine beispiellose Verschärfung der Staatsgewalt. Flüchtlingskrise, Klimakrise und Coronakrise treffen auf Gesellschaften, die durch Zentralisierung, Planwirtschaft, Korporatismus und Bürokratie starr geworden sind, unfähig, kreativ auf Herausforderungen einzugehen. An die Stelle von Kreativität tritt Zwang, Überwachung und Vereinheitlichung. Flankiert werden die zunehmend sinnlosen, nutzlosen, teils schon in Clownerie übergehenden Panikreaktionen der Staatsgewalt mit einer subtilen Stigmatisierung jeglicher Kritik als gesundheits- und volksschädlich. Die objektiv naheliegende Verbindung zu dem dunkelsten Kapitel in der deutschen Geschichte zu ziehen, führt postwendend dazu, dass der Kritiker sich als «Nazi» bezeichnet wiederfindet; wobei bereits das Ausschreiben der Abkürzung — «Nationalsozialist» — ein Sakrileg darstellt, denn «die» Sozialisten sind die Guten, «die» Liberalen sind die eigentlichen Faschisten. Selbstredend hält das ideologische Gebäude nur, solange sich niemand mehr daran erinnert, was Sozialisten wie Proudhon, Bakunin, Landauer und Buber wollten.

Mehr denn je brauchen wir eine Opposition, die nicht einen Politikwechsel in die eine oder die andere Richtung anstrebt, vielmehr die drastische Reduzierung des Herrschaftsbereichs von Politik, um den kreativen Kräften vor Ort Raum zu geben: durch Dezentralisation, Föderalismus, Kommunalismus und letztlich Anarchie, das heißt durch Freiwilligkeit.

TEXTGRUNDLAGE UND ÜBERTRAGUNG

Der Essay «Mazzini et l'Unité italienne» erschien im Juli 1862 in der Brüsseler Zeitschrift «L'Office de Publicité» des Exilfranzosen Alphonse-Nicolas Lebègue (1814-1885) und schlug hohe Wellen der Empörung in der liberalen Öffentlichkeit Belgiens. Drei Monate später legte Proudhon in derselben Zeitschrift «Garibaldi et l'Unité italienne» nach. Neben weiterem Material zu der Auseinandersetzung von Proudhon mit seinen Kritikern erschienen beide Essays Ende 1862 in Paris als Buch unter dem Titel «La Fédération et l'Unité en Italie», allerdings mit einigen zensierenden Eingriffen des Herausgebers, Eingriffe bezüglich von Aussagen Proudhons über Kaiser Napoléon III. Der Garibaldi-Essay ist parallel auch in Belgien als eigenständiges Buch gedruckt worden und zwar ohne zensierende Eingriffe, sodass ich die zensierten Stellen restaurieren konnte (aber sie sind markiert). Für den Mazzini-Essay konnte ich die zensierten Stellen ergänzen nach der Ausgabe: «Du Principe fédératif et Œuvres diverses sur les Problèmes politiques européens», Paris 1959, im Rahmen der Œuvres Complètes nouvelle édition (nicht-nummerierte Bände). (Die Œuvres Complètes von 1868 enthalten, Band 16, noch die zensierte Version: Napoléon III herrschte weiter in Frankreich.)

Die «Nouvelles Observations sur l'Unité italienne» von Ende 1864, in denen Proudhon kurz vor seinem Tod noch mal auf die Auseinandersetzung um seine Thesen Stellung bezieht und zwar pointierter, argumentativer, aber auch schärfer, erschienen im «Messanger de Paris» sowie 1865 posthum als Separatdruck.

Bei der Übertragung habe ich sehr vorsichtig und zurückhaltend einige Stellen der Versteh- und Lesbarkeit für den heutigen Leser ergänzt, so etwa Jahreszahlen; zusätzliche Ergänzungen, Erklärungen und Erläuterungen finden sich in den Anmerkungen. Die Texte sind meines Wissens noch nie ins Deutsche übertragen worden, ausgenommen einige paraphrasierende Zitate in Landauers Essay «Bairam und Schlichting», 1911 in seiner Zeitschrift «Der Sozialist» erschienen, wieder abgedruckt in: Stefan Blankertz, Emma Goldman, Gustav Landauer: *Verschwinde, Staat! Weniger Demokratie wagen* (edition g. 115, 2019). Bei der Edition dieses Essays bin ich auch zuerst auf Proudhons Mazzini- und Garibaldi-Kritik gestoßen.

Zum Umschlagbild

Das Umschlagbild stammt von Gustave Courbet (1818 bis 1877). Es wurde kurz nach Proudhons Tod 1865 gemalt, die Szene zurückdatiert auf 1853. Sie zeigt Proudhon neben zwei der Töchter von Louise Euphrasie, geborene Piégard (1822-1900), und ihm: Catherine (1850-1947) sowie Marcelle (*1852), die 1854 starb. Courbet reflektiert in Marcelle auch Jean-Jacques Rousseaus Frage, warum das Glück des Moments eines Kindes seiner ungewissen Zukunft opfern? Der glückliche Moment, den Courbet hier im Wissen um ihren Tod kurz drauf festgehalten hat, währt ewig.

Courbet, ein Freund der Familie Proudhon, portraitierte auch Louise Euphrasie und Pierre-Joseph jeweils solo; das Portrait von Pierre-Joseph ist auf der Autorenseite wiedergegeben. — Sie hatten weitere Töchter: Stéphanie (1853-1873) und Charlotte (1856-1856). — Catherine half nach dem Tod ihres Vaters 1865 mit, seinen Nachlass zu ordnen und zu katalogisieren. Bereits in der letzten Lebensphase, als er von Krankheit geschwächt war, hatte die 14-Jährige ihm als Sekretärin gedient, verfasste und unterzeichnete in seinem Namen Briefe. Sie heiratete den Embryologen Félix Henneguy (1850-1928).

In der ersten Fassung hatte Courbet statt eines Wäschekorbs die Mutter der Kinder in den Hintergrund integriert. Da er das Bild für eine Ausstellung fertigstellen wollte, die Mutter aber erst skizziert hatte, ersetzte er sie kurzerhand durch ein schnell zu malendes Stillleben. In einem Brief an die Witwe, den er der Rücksendung der ihm von ihr für eine realistische Darstellung überlassenen Kleidung Proudhons beilegte, entschuldigte der Maler sich für ihre Entfernung aus dem Bild und versprach ihr, ihr ein eigenes Portrait zu widmen. Das Versprechen löste er schon bald ein. Von dem ursprünglichen Entwurf existiert eine Photoaufnahme,[1] nach der June Cinciarella das Bild rekonstruierte. — Der liebende Blick der Mutter auf ihre Kinder ... auch dies ist Rousseau *pur*.

Seit 2009 gibt es ein Theaterstück zur Entstehung der Gemälde Courbets, das im Jahr 1855 spielt und die produktive Auseinandersetzung zwischen ihm und Proudhon thematisiert: «Proudhon modèle Courbet»,[2] verfasst von Jean Pétrement. Besonders pikant ist die Figur der Jenny, Geliebte des Malers und anachronistische Feministin, die sehr zur Erregung des misogynen Anarchisten einen Toast auf die «Befreiung der Frau» ausgibt. — Das Stück wird in Frankreich heute noch aufgeführt.

---

[1] Abbildung: Alan Bowness, *Courbet's Proudhon*, The Burlington Magazine, 120. Jg. (1978), Nr. 900.
[2] Teaser: youtube.com/watch?v=59VAcRj1bKs

«Pierre-Joseph Proudhon et ses enfants en 1853» (Ausschnitt)
CCo Paris Musées. | Musée des Beaux-Arts de la Ville de Paris, Petit Palais

Italien 1862

Giuseppe Mazzini
photographiert von Domenico Lama (1823–1890)
gemeinfrei (wikimedia)

MAZZINI

[VORSPANN]

An die Einheit Italiens habe ich nie geglaubt; sowohl vom Standpunkt der Prinzipien als auch von der Praxis und vom Prozess ihrer Durchsetzung her lehne ich sie seit jeher ab.

Um meine Meinung zu untermauern, könnte ich die ehrenwertesten und intelligentesten Männer aus Italien zitieren: den jüngst verstorbenen Montanelli,[1] den ich die Ehre hatte, kennenzulernen; Ferrari,[2] gelehrter Historiker, sowie den ausgezeichneten General Ulloa,[3] beides Freunde von mir. Solche Namen würden ausreichen, um mich vor dem Vorwurf zu schützen, ein Außenseiter zu sein. Aber ich brauche nicht einmal diese hohen Bürgen: Die große Mehrheit der Italiener besteht, wenn ich richtig informiert bin, aus Föderalisten, und sie sah in der Einheit nie etwas anderes als einen Transmissionsriemen für die Revolution.

Nach dem «Vorfrieden von Villafranca»[4] war ich immer

1 Giuseppe Montanelli (1813-1862); der Föderalist, der der dezidiert anti-unitaristischen Bewegung der Toskana angehörte, hielt sich etliche Jahre im Pariser Exil auf, wo er auch mit Proudhon zusammen traf. Er starb am 7. Juni 1862, also rund vier Wochen vor dem ersten Erscheinen des Essays.

2 Giuseppe Ferrari (1811-1876). Er war Abgeordneter im Parlament von Piemont und scharfer Gegner der Annexionspolitik des Grafen von Cavour, der als der Ministerpräsident des Königs von (Sardinien-) Piemont Viktor-Emanuel II gewissermaßen der Bismarck Italiens war.

3 Girolamo Calà Ulloa (1810-1891). Obwohl er in beiden italienischen Unabhängigkeitskriegen (1848 und 1859) als General für Italiens Befreiung von Fremdherrschaft gestritten hatte, versagte man ihm als «unsicheren Kantonisten» 1860 die Anerkennung und die italienische Staatsbürgerschaft, sodass er ins Exil musste. Er wurde 1866 (also nach Proudhons Tod) rehabilitiert, kehrte nach Italien zurück, aber kümmerte sich nicht mehr um öffentliche Angelegenheiten.

4 1859. Beteiligt waren Napoléon III für Frankreich, Kaiser Franz Joseph I für Österreich und Viktor-Emanuel II für (Sardinien-) Piemont, um den Oberitalienischen Krieg (der sog. «Zweite Italienische Unabhängigkeitskrieg») zu beenden; letzterer unterzeichnete nur unter Vorbehalt.

noch davon überzeugt, dass die demokratische Presse mit ihrem Beharren auf der Wiedervereinigung ganz Italiens in den Händen Viktor-Emanuels[1] den falschen Weg einschlage; dass der Vorteil, den dies Manöver verspreche, die Nachteile nicht aufwiege; dass es bedeute, das Prinzip der modernen Revolutionen zu missachten und sich vermittels einer durchtriebenen Politik jenseits der wahren Politik zu stellen; dass es den Fortschritt behindere, indem es die Idee der Nation verzerre; dass es den Frieden in Europa gefährde, ohne der Freiheit der Völker zu nützen; sowie dass es zwischen Italien und Frankreich einen gefährlichen, nur für fremde Dritte vorteilhaften Antagonismus schaffe.

Als die «Einigungsbewegung»[2] dann begonnen hatte, sah ich mich freilich gezwungen zu schweigen und beschränkte mich darauf, von Zeit zu Zeit in Büchern meine Zweifel am Erfolg des Unternehmens zu äußern. Völker wie Individuen unterliegen Verblendungen, von denen nur schmerzliche Erfahrung sie heilt. Mir persönlich lag nichts daran, die Einheit Italiens zu verhindern, wenn sie hätte erreicht werden können, wenn sie allen Parteien gepasst und wenn sie sich zufällig als nützlich und richtig herausgestellt hätte; ich gab mich also damit zufrieden, die Italiener als die Herren ihres Schicksals zu sehen; blieb eher noch neugierig zu beobachten, was bei diesem Versuch, eine Utopie zu verwirklichen, herauskommen würde; ich sagte mir, es sei am besten, die Ereignisse ihren Lauf nehmen zu lassen und mich zu fragen, inwieweit in einem so ernsten Fall der freie Wille des Menschen könne über die Notwendigkeit der Dinge siegen.

1 Viktor-Emanuel II (1820-1878), ab 1849 König von (Sardinien-) Piemont, ab 1861 des vereinigten Italiens.
2 Italienische Bezeichnung (die Proudhon nicht verwendet): Risorgimento.

Die Lage schien mir allerdings verändert, als Mazzini[1] das Rundschreiben vom 6. Juni 1862 publizierte, in dem er ankündigte, Italien zu verlassen und von nun an durch eine Verschwörung das erreichen zu wollen, was er weder durch Diplomatie noch durch einen Aufstand des Volkes noch durch die Duldung der piemontesischen Regierung, unterstützt von der Auslandspresse, zu erreichen im Stande sich gesehen hatte. Dass die Einheitsbewegung bis zu diesem Zeitpunkt der italienischen Erneuerung gedient hatte, räumte ich zwar ein, sagte mir aber, dass jene Bewegung erschöpft sei, dass die Revolution von nun an mit anderen Mitteln vorangetrieben werden müsse und dass für mich der Moment gekommen sei, meine Stimme zu erheben.

Auf den folgenden Seiten beanspruche ich nicht, mehr zu tun, als das Thema zu entfalten, Probleme aufzuwerfen und Lösungen anzubieten. Die «Theorie der Nationen», aufgrund derer man die italienische Einheit zu schaffen wünscht, hat man nie eingehend erforscht: Sie würde einen eigenen Band erfordern. Aber lange Entwicklungen sind nichts für Zeitungen, die sich mit zusammenfassenden Übersichten begnügen und vor allem praktische Schlussfolgerungen verlangen. Heute geht es nicht nur für Italien, sondern auch für Frankreich und Europa darum, voran zu kommen und sich nicht länger bei einem Hirngespinst aufzuhalten, das als unerreichbar erwiesen ist. Wenn ich von etwas überzeugt bin, dann davon, dass die Verfechter eines einheitlichen Italiens im Interesse ihrer Klientel nichts Besseres tun könnten, als ihr Verzicht nahezulegen und sich selber von dem falschen Weg zu verabschieden, auf dem sie abgeirrt sind. Wir sollten noch hinzufügen, dass

1 Giuseppe Mazzini (1805-1872). Er trat mit seiner «Partito d'Azione» (die Partei der Aktion) für eine Einigung Italiens auf republikanischer Grundlage ein.

der Ruhm Piemonts[1] uns Franzosen nicht unsere eigenen Bedürfnisse vergessen machen darf. Seit vier Jahren ist das öffentliche Denken an den «Triumphzug»[2] eines geeinten und unteilbaren Italiens gekettet: Das sind vier verlorene Jahre für unseren eigenen Fortschritt und für unsere Freiheiten. Verehren wir in Garibaldi[3] einen glühenden, aber missverstandenen Patriotismus, respektieren wir seine Opfer, aber machen wir um Gottes Willen keine Reliquie aus diesem Knochensplitter.[4]

Der nachfolgende Artikel stammt vom 13. Juli 1862, mithin nach Mazzinis Rückzug. Er erschien in «L'Office de Publicité»,[5] einer kleinen in Brüssel herausgegebenen und in Paris völlig unbekannten Zeitung. Ich gebe ihn hier so wieder, wie er vor drei Monaten veröffentlicht wurde, mit seinem polemischen Gestus und mit seinem skizzenhaften Charakter, nicht, um den Kummer über eine trügerische Hoffnung zu vergrößern, sondern um der historischen Wahrheit willen und um den Umschwung besser zu kennzeichnen, der sich, falls ich mich nicht irre,[6] in den Köpfen der Menschen anbahnt.

---

1 24. Juni 1859 Sieg im Verein mit Frankreich über Österreich (Schlacht von Solferino). Piemont abkürzend für das Königreich Sardinien-Piemont.
2 «Carroccio». Ein von mittelalterlichen italienischen Republiken benutzter Triumphwagen.
3 Giuseppe Garibaldi (1807-1882).
4 Anspielung auf Garibaldis Kriegsverletzung. Der nachfolgende Essay über Mazzini wurde am 13. Juli 1862 veröffentlicht, der Vorspann aber muss nach dem September 1862 verfasst worden sein, weil der Band, in welchem er erschien, auch den zwei Monate später verfassten Essay über Garibaldi enthält. Am 29. August 1862 wurde Garibaldi in dem Gefecht bei Aspromonte am Knöchel verletzt und zog sich für fünf Jahre aus dem aktiven Kampf zurück.
5 Erschien 1854 bis 1890, begründet von Alphonse-Nicolas Lebègue (1814 bis 1885), einem führenden Liberalen, der 1843 ins belgische Exil ging, wo er eine Druckerei und einen Verlag gründete.
6 Tatsächlich irrte Proudhon sich bei dieser Einschätzung. Leider.

I

Am 6. Juni dieses Jahres [1862] gab der Bürger Mazzini ein Manifest heraus, das der Regierung Viktor-Emanuels in Piemont vorwarf, Italien zu verraten, indem sie Venedig und Rom nicht einnehme, und eine konterrevolutionäre Politik zu verfolgen, und schließlich erklärte, dass für ihn, Mazzini, es unmöglich sei, sich weiter zu kompromittieren, sowie dass er aus dem Bündnis ausscheiden und versuchen werde, mit anderen Mitteln zu erreichen, was ihm durch die Politik Piemonts verwehrt werde.

Mazzinis «andere» Mittel sind Geheimbünde, Aufstände und Verschwörungen. — «Wir werden uns verschwören», sagt er; «da ihr nicht wisst, wie man Italien mit uns macht, oder es nicht mit uns machen wollt, werden wir es gegen euch machen.»

«Verschwörung», das ist ein ernstes Wort, und eines, das ein Mann wie Mazzini nicht leichtfertig aussprechen sollte. Lasst die Fanatiker der Autorität gegen Verschwörer wettern. Eine Verschwörung mag eine Heldentat oder eine Räuberei sein, die heiligste Pflicht oder das schlimmste Verbrechen. Alles hängt am Anlass, am Umstand, am Ziel und auch am Erfolg. Hat Mazzini in diesem Moment das Recht, Viktor-Emanuel den Krieg zu erklären, die Massen anzuheizen und sich als Rächer der verratenen oder aufgegebenen italienischen Freiheit zu geben? Das ist für mich die Frage, eine praktische Frage, wert, dass ein Freund der Revolution sie öffentlich stellt, den es nicht stärker erschrecken würde, bei Gelegenheit in die Rolle eines «Verschwörers» zu schlüpfen, als Mazzini selber.

Worüber beklagt sich der große «Vereiniger»? Frankreich erkannte, vom Erfolg der eigenen Waffen genötigt, das Königreich Italien an, freilich ohne eine Garantie abzugeben; England tat es mit noch größerer Genugtuung als

Frankreich; Belgien und weitere Staaten des zweiten und dritten Ranges folgten dem Beispiel Englands hinsichtlich der Anerkennung. Russland wird Italien bald anerkennen und Preußen nicht lange zögern, um es ihm gleichzutun.[1] Man muss zugeben, dass weder der Einfluss Mazzinis noch der Garibaldis allein jemals zu solchen Ergebnissen geführt hätte. Nur vier Jahre nach Beginn des Zusammenschlusses sind jetzt mehr als zweiundzwanzig Millionen Menschen unter dem Banner Piemonts vereint. Welch ein Grund zur Hoffnung! Organisieren Sie zuerst diese zweiundzwanzig Millionen Untertanen, bilden Sie dieses Volk, entwickeln Sie den Reichtum dieses bewundernswerten Landes; bringen Sie Freiheit, Philosophie und Moral hervor, und seien Sie sicher, dass bald, ohne Einsatz von Waffen, allein durch das Beispiel und die Kraft der Dinge, der Rest wird Ihnen zufliegen.[2] Sie könnten nichts tun, sagen Sie, solange Sie nicht Rom und Venedig besitzen. Na bitte! Frankreich wäre nie entstanden, hätte nie seine heutigen Grenzen erhalten, wenn Hugo Capet[3] und seine Nachfolger gesagt hätten: «Wir vermögen nichts zu tun ohne Zugang zu Ozean und Mittelmeer, ohne die Pyrenäen, die Alpen und den Rhein.» Es war genau ihre Aufgabe und ihr Ruhm, dies nach und

1 [Anmerkung von Proudhon:] Die Anerkennung durch Russland und durch Preußen wurde einige Tage später, am 13. Juli 1862, offiziell bekannt gegeben.

2 Es scheint mir bemerkenswert, wie konservativ Proudhon, der sich eben noch als «Freund der Revolution» tituliert hat, hier argumentiert und die Hoffnung in eine Evolution anstatt in eine Revolution setzt. Ganz ähnliche Aussagen macht übrigens später Michael Bakunin, dem ja noch mehr als Proudhon der Ruf vorauseilt, ein ungezügelter Revolutionär und Aufrührer zu sein. In Wirklichkeit haben Anarchisten niemals vorgeschlagen, dass die gesellschaftliche Entwicklung per staatlicher Gewalt gesteuert werden solle (das wäre nämlich ein Widerspruch zu dem von ihnen verkündeten Prinzip der Freiwilligkeit gewesen), sondern «bloß» die Freiheit zur Entwicklung geordert.

3 Hugo Capet (?-996), ab 987 König der Franken.

nach zu erreichen. Aber Sie sind wie der Gärtner, der behauptete, er könne seine Kohlköpfe nicht auf einem Hektar hervorragenden Bodens kultivieren, und deswegen um vier zusätzliche Klafter bat. Sie bezichtigen die Minister der Konterrevolution, des Verrats! Freilich gilt es zu erwägen, dass diese Minister an allen Unternehmungen Garibaldis beteiligt waren; dass die Anwesenheit der piemontesischen Armee weit mehr dazu beitrug, die Toskana, die Romagna, Sizilien und Neapel voranzubringen als die Rothemden[1] mit all ihrem Klamauk. Wurde Rattazzi[2] nicht erst kürzlich in der «Brescia-Affäre»[3] kompromittiert? Man kann dieser Regierung gewiss keinen fehlenden Willen unterstellen, sich durchzusetzen. Während Mazzini, der Verschwörer, fordert: «Töten!», schreit Rattazzi, der Konservative: «Betäuben!» Stimmt das nicht auf rührende Weise zusammen? Fragen Sie Franz II[4] und den Heiligen Vater.

«Wir wollen Rom und Venedig», antwortete Mazzini, so absolut wie Cæsar, der glaubte, nichts erledigt zu haben, solange noch etwas zu tun bleibe;[5] «wir wollen die beiden Städte auf der Stelle, und wenn wir sie nicht auf der Stelle kriegen, verschwören wir uns!»

Es muss schon etwas Ernstes in Italien passiert sein,

1 Camicie rosse (oder: Giubbe rosse): Spitzname der Freiwilligen, die unter Garibaldi für die Einigung Italiens kämpften.
2 Urbano Rattazzi (1808-1873). (Vgl. a. S. 76, Fn. 4; dort *positiv* bewertet.)
3 Auch als «Sarnico-Affäre» bezeichnet (14. und 15. Mai 1862). Als königstreuer Ministerpräsident ließ Rattazzi zahlreiche Anhänger Garibaldis verhaften und in eine Protestversammlung zu deren Freilassung schießen; vier der Demonstranten wurden dabei getötet, weitere verwundet.
4 Franz II (1836-1894), von 1859 bis 1861 der letzte König beider Sizilien. Das Königreich wurde 1860 von Garibaldi angegriffen und durch Viktor-Emanuel II 1861 erobert. Nicht zu verwechseln mit dem österreichischen Kaiser Franz II/I (1768-1835).
5 «Nil actum credens cum quid superesset agendum.» Mit diesen Worten fasst Lukan Cæsars Credo zusammen. Von Kant in der Vorrede zur zweiten Auflage seiner «Kritik der reinen Vernunft» (1787) zitiert.

wenn ein Mann in reifem Alter solch kindische Ungeduld zeigt. Diese berühmte Einheit ist nicht so leicht erreichbar, wie man dachte; die Anerkennung von außen brachte kaum was, Tyrannei und Intrigen im Inneren helfen wenig. Und wenn es so weit ist, wird es dem italienischen Volk nicht viel besser gehen als zuvor. Mazzini, Garibaldi, Rattazzi, *e tutti quanti*, sind am Ende mit ihrem Latein; der erste, der klüger ist, zieht sich zurück, klagt die Regierung an, bevor die Regierung ihn anklagt, beschuldigt seine Mitstreiter und hüllt sich in die Maske eines großen Bürgers.

Wir befinden uns freilich in einem Jahrhundert der Öffentlichkeit und der Kontrolle, in welchem Politiker und Minister sich den Meinungen stellen müssen und nach ihren Prinzipien und durch ihresgleichen beurteilt werden. Es wäre maßlos, wenn Leute, die außerhalb der offiziellen Macht sich als Organe der Revolution deklarieren und einmischen, um die Massen anzuheizen, aus ihrer Initiative eine Art Unantastbarkeit ableiten und ohne Widerspruch in ihrer eigenen Partei bleiben könnten. Der Demokratie eignet nur dann eine Macht und sie ist nur dann eine Überlegung wert, wenn sie in Bezug auf sich selber eine Instanz des Widerspruchs, der Diskussion und der Verantwortung einrichtet.

Da also Mazzini mit der Veröffentlichung seines Manifests an das demokratische Europa appelliert, ergreife ich vor der Demokratie das Wort und werfe Mazzini zweierlei vor: als Führer der Bewegung, dass es der Politik, die er in den letzten vier Jahren verfolgte, völlig an Voraussicht mangelte; als Theoretiker, dass er sich zum Propagandisten eines Systems macht, das in seinem Grundsatz falsch und in seinen Folgen verhängnisvoll ist — die italienische Einheit.

Es sei erinnert, dass Mazzini sich 1859, als der Krieg bevorstand, gegen eine Militärintervention Frankreichs in die Angelegenheiten Italiens aussprach. Kaiser Napoléon III sei nicht vertrauenswürdig, mahnte er die Landsleute. Sie sollten sich ja hüten vor solch einem unsicheren Helfer, Feind von Revolution und Freiheit; und er gab bekannt, was ihn angehe, werde er sich darum aus dem Geschehen konsequent heraushalten. Nachdem der Sieg Frankreichs und Piemonts über Österreich Mazzinis Prognose widerlegt hatte, dachte er, ausmanövriert und kompromittiert in den Augen des Volkes, daran, sich wieder in den Sattel zu schwingen und, obgleich er gegen die Intervention protestiert hatte, ihr Ergebnis für seine Zwecke zu nutzen. Er kehrte aus dem englischen Exil nach Italien zurück, beglückwünschte Viktor-Emanuel in einem Brief, welcher veröffentlicht wurde, und übermittelte ihm die inzwischen berühmten Worte: «Wagt es, Sire, und Mazzini steht hinter Euch.» Dass Viktor-Emanuel, ohne Rücksicht aufs Völkerrecht, das Nationalprinzip, die Interessen der Bewohner, den wahren Geist der Revolution oder auch bloß die monarchische Zweckmäßigkeit, die verschiedenen Staaten der Halbinsel übernehmen solle, war es, was Mazzini forderte, der sich ganz seiner Idee der Einheit verschrieben hatte. Um diesen Preis war er bereit, die republikanischen Überzeugungen und Hoffnungen zum Schweigen zu bringen. Für jeden ernsthaften Republikaner würde dies eine Abtrünnigkeit im Tausch gegen ein Hirngespinst darstellen; für Mazzini aber war's ein Akt höchster Tugend.

Es ist wahr, dass Mazzini solch seltsamem Handel eine Auflösungsklausel hinzufügte, die sein Gewissen rettete: Indem er Viktor-Emanuel zurief: «Wagt es!», meinte er, dass der neue Eroberer Rom, Venedig, Neapel usw. ohne weitere Verzögerung einnehmen und den Papst und die Österreicher vertreiben müsse und das alles ohne die Hilfe und, falls nötig, gegen den Willen Frankreichs. Im Recht gibt es einen Grundsatz, der besagt: «Jede Bedingung einer unmöglichen Sache ist nichtig.»[1] Solcher Art war die Bedingung, welche Mazzini, der in Folge der Schlachten von Magenta und Solferino[2] auftrat und die Demokratie ebenso wie auch Viktor-Emanuel umwarb, dem König Piemonts auferlegte. Manche Leute halten solche Tricks für Politik, und das gemeine Volk ist geneigt, ihnen Beifall zu spenden. Für mich kann ich in jenem Brief von Mazzini an Viktor-Emanuel nur einen italienischen Schwank sehen. Was!, der berühmte Verschwörer meinte, dass Italien qua der kleinen piemontesischen Armee zusammen mit seinen eigenen Geheimgesellschaften in der Lage sei, Napoléon III in die Zange zu nehmen, die italienischen Herrscher aus ihren Staaten, den Papst aus dem Vatikan und Österreich aus dem oberitalienischen Festungsviereck zu vertreiben? Nein, so hat Mazzini sicherlich nicht gedacht: Er wollte nur die eigene Position wiederherstellen, indem er dem königlichen Ehrenmann härteste Bedingungen stellte; und hier werfe ich ihm Kurzsichtigkeit vor, um nicht zu sagen: eine völlige politische Unfähigkeit.

Als Napoléon III auf Drängen von Herrn de Cavour[3] beschloss, in Italien zu intervenieren, war es offensichtlich, dass er nicht primär die Befriedigung der Piemontesen, auch nicht die Unabhängigkeit Italiens im Sinn hatte; um-

---

1 «Code civil des Français» (1804), # 1172: «Toute condition d'une chose impossible, ou contraire aux bonnes mœurs, ou prohibée par la loi, est nulle, et rend nulle la convention qui en dépend.»

2 04. Juni 1859 (Magenta), 24. Juni 1859 (Solferino).

3 Camillo Benso von Cavour (1810-1861), Ministerpräsident des Königreichs Sardinien-Piemont. Als gleichsam italienischer Bismarck trieb er die Vereinigung Italiens unter monarchistischem Vorzeichen voran.

so weniger strebte er die Erfüllung von Mazzinis Wunsch nach der Bildung der italienischen Einheit als Kriegsziel an. Es scheint, dass Mazzini dies zunächst richtig erfasste, als er seinen Protest startete. Leider bewies das, was folgte, dass sein Misstrauen dem Kaiser der Franzosen persönlich galt und keineswegs durch Überlegungen zu einer hohen und gesunden Politik inspiriert war.

Drei Dinge sollte man bei diesem Feldzug im Grundsatz betrachten: den Krieg, den der französische Kaiser gegen Österreich führte, die Einheit Italiens und das Papsttum. Unter keinem dieser Gesichtspunkte konnte Mazzini, der Mann der Einheit, mit dem Erfolg seines Unternehmens rechnen.

Bezogen auf Österreich hätte der Grund für den Krieg kaum offensichtlicher sein können. Der französische Kaiser durfte nicht zulassen, dass der österreichische Einfluss sich weiter ausbreitete; die Politik, die in der Schlacht von Solferino triumphierte, war eine Fortsetzung derjenigen, die am 23. Februar 1832 zur Besetzung von Ancona[1] geführt hatte. Was will Frankreich? Eine Wiederherstellung des Gleichgewichts; möglicherweise eine Berichtigung seiner Alpengrenze durch eine kleine Gebietsannexion. Im Übrigen hegt Frankreich keine feindlichen Gefühle gegenüber Österreich: Die Rivalität zwischen diesen beiden Mächten ist überholt; sie beruht auf Gegebenheiten, die zu existieren aufgehört haben. Vielleicht hofft Napoléon III auf mehr: Nichts genaues weiß man nicht; die Italiener beeilen sich jedoch, indem sie eher zweckbezogen als treu an Viktor-Emanuel kleben, ihm einen Strich durch seine Rechnung zu machen.

1 1832 bis 1839. Nach papstfeindlichen Aufständen im Kirchenstaat besetzte Österreich Bologna und schlug diese nieder. Um das «Gleichgewicht» mit Österreich zu wahren, besetzte Frankreich Ancona.

Unter dem Gesichtspunkt der Einheit von Italien muss man mehr als naiv sein, davon auszugehen, dass der Sieger Napoléon III, nachdem er seinem Freund und Verbündeten Viktor-Emanuel die Lombardei schenkte, sich auch bereit erklärt, ihm den Rest der Halbinsel zu überlassen, damit er zum Potentaten werden kann. Er hätte seine Pflichten gegenüber Frankreich und sich selber nicht erfüllt, wenn er einer solchen Umwandlung seinen Segen gegeben hätte.[1] Als Oberhaupt eines Militärstaats konnte Napoléon III nicht erlauben, dass vor den Toren Frankreichs eine neue Macht ersten Ranges sich etabliert; er konnte auch nicht zum konstitutionellen König werden und noch weniger schlicht Präsident einer demokratischen, pazifistischen, sozialistischen Republik bleiben. Eines Tages wird Frankreich der Welt das Signal zur Abrüstung geben: eine Ehre, die Frankreich vorbehalten zu sein scheint; dies war der geheime Traum der Republik. Aber selbstredend bloß unter der Bedingung, dass, während es abrüstet, nicht Andere hochrüsten; dass, während es seine Armeen auflöst, seine Verwaltung dezentralisiert, seine Gemeinden stärkt, den Provinzen, all den kleinen Nationen, aus denen das kaiserliche Frankreich sich zusammensetzt, ein neues Leben einhaucht, in der Zwischenzeit Andere sich nicht heimlich gegen es verschwören. 1848 unterstützte die französische Demokratie nach Kräften die Emanzipation Italiens und der römischen Republik. Können wir uns vorstellen, dass dieselbe Demokratie, ob sozialistisch oder nicht, aber ganz der Arbeit und einer Moral des Friedens verpflichtet, den

1 Diese Verständnis für die Position von Napoléon III darf nicht mit Sympathie verwechselt werden. Ab 1849, nach dessen Wahl zum Präsidenten und noch vor seiner Selbsternennung zum Kaiser, musste Proudhon drei Jahre im Gefängnis verbringen, weil jener sich von diesem beleidigt fühlte. Den vorliegenden Essay schrieb Proudhon im belgischen Exil, da er 1858 erneut verurteilt wurde.

Italienern erlaubt hätte, sich militärisch zu organisieren? Nein, es wäre Wahnsinn, das zu denken, und Verrat, das zu sagen. Wenn Österreich oder wenn der Türke nach Italien greifen würde, nun ja, die Republik würde die Türkei und Österreich revolutionieren; sie würde die Unterdrücker der Emanzipation überwinden, aber niemals würde sie es zulassen, dass die Institutionen des Krieges und der Wille zur Eroberung nebenan wiederhergestellt werden.

Ob Kaiserreich oder Republik, ob für den Krieg oder für den Frieden organisiert, in keinem Fall konnte Frankreich, das in Italien gegen die Übermacht des Hauses Österreich intervenierte, zulassen, dass seine Schützlinge von gestern morgen zu seinen Rivalen werden würden. Dies ist eine so klare Sache, dass ich, obwohl ich ohnehin bereits die schlechteste Vorstellung über ihren Patriotismus und die Unabhängigkeit ihres Urteils hege, nicht nachvollziehen kann, wie die angeblich demokratische französische Presse sich hartnäckig weigert, dies zu verstehen. Sie singen uns in jedem Ton, die Italiener seien unsere Brüder; ihre Interessen und ihre Ideen seien die unsrigen; ihre Revolution sei unsere Revolution, und hundert andere unsinnige Dinge, die beweisen, wie sehr die französische Demokratie in Schwachsinn verfallen ist, wenn sie nicht vielmehr der Beweis für die Abtrünnigkeit ihrer Vertreter sind. Manche dieser Vertreter meinen, sie hätten bereits alles gesagt, wenn sie von «lateinischen Rassen» sprechen! Ignorieren sie die Tatsache oder geben sie vor, sie zu ignorieren, dass gerade aneinander grenzende Staaten die größten Gegensätze kennzeichnen und dass die Nationen mit größten Ähnlichkeiten sich am wenigsten vereinigen können? In der Politik sind unsere «Nächsten» unsere Feinde: Dies Axiom ist so sicher wie jedes von Machiavelli. Im Jahre 1854 verblüffte Österreich die Welt durch seine Undank-

barkeit gegenüber seinem Wohltäter Russland:[1] Österreich
ist nämlich zu drei Vierteln seiner Bevölkerung wie Russland ein slawisches Reich, und wenn diese beiden großen
Staaten ähnliche Interessen haben, so stehen sie gerade
deshalb im Gegensatz zueinander. Ist es notwendig, uns
mit der italienischen Undankbarkeit zu beschäftigen?
Sicherlich wartet sie gar nicht erst darauf, bis die Einheit
vollendet ist. Seit vier Jahren ist dies jeden Tag in den Ver-
wünschungen der Politiker, in den Zeitungsartikeln und
gar in den Liebesbezeugungen und Dankeskundgebungen
des Turiner Parlaments[2] an Napoléon III zu erkennen.

Nein, noch einmal: Napoléon III kann der Bildung eines
einheitlichen Italiens nicht zustimmen; und je mehr er sich
von Vorstellungen des Friedens und des Fortschritts leiten
lässt, desto weniger wird er es wollen. Er hat bereits zu viel
getan, sowohl für seinen eigenen Ruhm als auch für die
Erholung Italiens selber. Nach der Krönung zum König von
Italien schuf Napoléon I 1805 den «Orden der Eisernen
Krone», teilte aber die Toskana und Neapel an seine
Schwestern und seinen Schwager auf: Er wollte kein einheitliches Italien, nicht einmal zu seinem persönlichen
Ruhm. Wie können Schriftsteller, die sich «Demokraten»
nennen, aber weder dem Waffenwahn, noch dem Ruhm der
Schlachten, noch den Eroberungen abgeschworen haben;
die für Frankreich unaufhörlich von Vorherrschaft oder zu-
mindest weltweitem Einfluss träumen; die die französische
Regierung zur Eroberung Mexikos drängen, anstatt dazu,
sich von derartigen Abenteuern zurückzuziehen; die gerne
in den laufenden Bürgerkrieg der Vereinigten Staaten ein-

1 Gegen Russland gerichtetes Schutz- und Trutzbündnis vom 20. April 1854
zwischen Österreich und Preußen.
2 Turin: Ab 1847 Hauptstadt von Savoyen-Piemont und 1861-1865 Hauptstadt des vereinigten Italiens.

greifen würden; die Belgien und die Rheingrenze für Frankreich reklamieren; wie, frage ich, finden diese sogenannten Demokraten sich gegenüber der italienischen Macht derart weich? Wie kommt es, dass sie, wenn es um dieses neue Königreich geht, so wenig Gebrauch von ihren Begierden machen und sich einheitsgesinnter zeigen als der König von Piemont selbst?

III

Bleibt die Frage des Papsttums. — Es ist zu erwarten, dass ich nicht die Verteidigung des Heiligen Stuhls übernehmen und mich zum Parteigänger der Herren Lamoricière[1] und Veuillot[2] machen möchte. Ich beurteile eine Situation, eine Politik; da ich selbst Demokrat bin und mich für alles interessiere, was in Europa im Namen der Demokratie getan wird, verlange ich von einem Demokraten Rechenschaft über sein Verhalten. Was der beste Weg wäre, um die weltliche Macht abzuschaffen, das Papsttum zu beseitigen, die Kirche zu ersetzen und die menschliche Moral zu retten, die durch den Ruin oder die Unzulänglichkeit des christlichen Glaubens gefährdet ist, sind Fragen, die ich an dieser Stelle nicht untersuche; all dies, so gebe ich gern zu, liegt im Aufgabenbereich eines wahren Revolutionärs, und ich werfe Mazzini, Gott bewahre, nicht vor, dass er hierüber nachgedacht hat. Über das Ziel sind wir uns einig:[3] Aber es

1 Louis Juchault de Lamoricière (1806-1865), französischer General. Als Gegner von Napoléon III verweigerte er dem Kaiser den Treueid und übernahm stattdessen 1860 das Kommando der päpstlichen Truppen für die Verteidigung gegen die Eroberung durch Kräfte, die den Kirchenstaat in das vereinigte Italien integrieren wollten. Er unterlag am 18. September 1860.
2 Louis Veuillot (1813-1883), konservativ-katholischer Journalist.
3 Weiter oben sagt Proudhon, Mazzini sei «Propagandist eines falschen und verhängnisvollen Systems» (vgl. S. 40). Vielleicht bezieht er die Aussage, mit Mazzini im Ziel übereinzustimmen, beschränkt auf die ihnen gemeinsame Ablehnung der Macht des Heiligen Stuhls.

geht um die Mittel, um den Weg, der eingeschlagen werden soll, und vor allem um die Lehre, die an die Stelle des alten Glaubens treten soll.

Konnte Mazzini glauben, dass Napoléon III, in Italien aktiv wegen des Geschreis um ihn gescharter Jakobiner,[1] bonapartistischer Saint-Simonianer,[2] Emigranten aller Herren Länder, die auf Krawall gebürstet waren, die Enteignung des Heiligen Vaters genehmigen würde, ohne sich weiter um die Anfeindungen zu kümmern? Denken wir zunächst daran, dass die Existenz des Papstkönigs geschichtlich gesehen eng mit der des Kaisers verbunden ist; dass dieser jenen nicht antasten kann, ohne zugleich damit den eigenen Titel zu verletzen und sich sozusagen in den Augen der Völker zu entweihen. Was ist Napoléon III?, der Nachfolger von Napoléon I: Ein Vertreter der napoléonischen Idee. Was aber war Napoléon I?, der in einem neuen Jahrhundert mit neuen Formen und Sitten das Werk Karls des Großen wiederherstellte. Die Vereinigung von Kirche und Kaiserreich, dafür stehen die beiden Napoléons, sobald man sich für einen Moment von der aktuellen Politik löst. Mit demselben Gedanken nahm Peter der Große, Zar von ganz Russland, den Titel eines Kaisers an und erneuerte in seiner Person das Reich des Ostens, wie Karl der Große das des Westens erneuert hatte, und tat das für die griechische Kirche, was Karl der Große für die lateinische getan hatte. Frankreich, das nach dem Untergang der ersten Republik noch ganz christlich war, verstand diesen Gedanken, als es

---

1 Dass Proudhon hier den Begriff «Jakobiner» negativ konnotiert benutzt, zeigt seine Position innerhalb der revolutionären Sache: gegen den Tugendterror und gegen den Zentralismus.

2 Anhänger von Henri de Saint-Simon (1760-1825), der einen zentralistisch geführten christlichen Sozialismus als Utopie entwarf. Das Eigenschaftswort «bonapartistisch» ist von Napoléon Bonaparte (I? III?) hergeleitet und deutet auf Kaisertreue; hier muss es ironisierend verstanden werden.

dem Konkordat[1] Beifall zollte; die Soldaten von Austerlitz, Jena und Friedland verstanden ihn ebenfalls,[2] als sie ihren Feldherrn mit dem Titel «Kaiser des Westens» begrüßten. Wenn man Napoléon III diese Tradition nimmt, nimmt man ihm die hohe Bedeutung seines kaiserlichen Titels; wenn man ihm sagt, er solle mit der Kirche brechen, was macht man dann aus ihm? Einen Unsinn, eine Fantasiefigur, einen Kaiser nach Art derer von Haiti, Brasilien und Mexiko.[3]

[Möge der Kaiser dem Rat folgen, den man ihm gibt, so rufe ich ihm morgen zu: «Komm, Bürger, leg das kaiserliche Gewand ab. Lass deine Bischöfe, deine Kardinäle, deinen Klerus. Keine Kirche mehr, kein Budget mehr für Priester; lasst uns die Glocken einschmelzen und auf die Schwarzröcke verzichten! Dein Evangelium sei die Verfassung von 1793, deine Krone sei die Jakobinermütze. Du] Kaiser und Revolutionär! Zu viel in Einem!»[4]

Es gibt Leute, für die Traditionen nichts bedeuten, die glauben, Religionen ließen sich zuschneiden wie Hosen, die wähnen, Sitten und Glauben der Völker könnten sie von ihren Arbeitszimmern aus auf der Karte Europas laut ihrem Gusto neu einzeichnen. Nichts scheint ihnen ein-

---

1 Staatskirchenvertrag mit dem Vatikan (Napoléon I, 1801).

2 Drei der Stationen 1805-1807 im Siegeszug von Kaiser Napoléon I.

3 Haiti: Kaiserreich 1804-1806. Brasilien: 1. und 2. Kaiserreich 1822-1889. Mexiko: 1. Kaiserreich 1822-1823, 2. Kaiserreich 1861-1867. Aus welchem Grund die Kaiser der Karibik und Lateinamerikas eine geringere Legitimität besaßen als die Napoléons oder Franz Josephs in Europa, lässt Proudhon völlig ungeklärt.

4 [Anmerkung des Redakteurs (1862):] Die durch Punkte ersetzte Passage entwickelt den Gedanken, der mit diesem Ausruf endet. Die Idee ist zwar unbedenklich, die Form schien uns jedoch von einer Freiheit zu sein, die pietätlos hätte wirken können. Da der Autor sich außerstande sieht, den Text eines Artikels zu ändern, der für ihn zu einem historischen Datum geworden ist, streichen wir diese sechs Zeilen mit seinem Einverständnis. [Textergänzung nach der Ausgabe von 1959 (vgl. *Einleitung, S. 24), S. 94.]*

facher zu sein, als die Historie zu annullieren, eine Nation zu reanimieren. Aber wer sieht nicht, dass jener einst beneidete und jetzt störende österreichische Einfluss keinem anderen Zweck diente als dem Schutz des Katholizismus? Nach der Schlacht bei Wagram 1809[1] verlor Franz II[2] den Titel eines germanischen, apostolischen und römischen Kaisers; wenn er den Titel des Kaisers von Österreich beibehielt, dann als familiäres Souvenir, als Ehrentitel und um in den Augen seiner Untertanen nicht zu tief zu sinken. Der wahre Kaiser war Napoléon I. Seit dessen Niederlage 1815 versuchte das Haus Österreich mit aller Macht, die Tradition wieder aufleben zu lassen; Frankreich, erneut revolutionär geworden wie 1789, holte sich seinen König zurück;[3] Rom lebte in gutem Einvernehmen mit dem erzchristlichsten Fürsten, Roms Vorlieben galten freilich dem Erben Karls des Großen, also dem Kaiser von Österreich. Napoléon III ändert diese Situation zum zweiten Mal: Deshalb stationiert er Soldaten in Rom und befestigt Civita-Vecchia;[4] deshalb kann er sich nicht entscheiden, welchem von drei Kirchenmännern er die Erziehung seines Sohnes anvertrauen solle,[5] und deshalb hält er aller Provokationen

[1] Napoléon I besiegt mit seinen (Zwangs-) Verbündeten Österreich.
[2] Nicht zu verwechseln mit dem weiter oben erwähnten König Franz II von Sizilien (siehe S. 39, Fn. 4). Kaiser Franz II / I (1768-1835).
[3] Anspielung auf die Julirevolution von 1830 gegen die Restaurationszeit nach dem Sturz Napoléons I. Die Revolution mündete aber nicht in der Republik, sondern der Installation des «Bürgerkönigs» Louis-Philippe I (1773 bis 1850) mit liberalen Sympathien. In der Revolution von 1848 wurde er wiederum durch das Bürgertum gestützt, kurzfristig die Republik erneuert; jedoch wählte man mit Napoléon Bonaparte jemanden zum Präsidenten, der sich nur kurze Zeit drauf zum Kaiser ernannte, Napoléon III.
[4] 1432 bis 1870 Teil des Kirchenstaats von Rom.
[5] Auf wen Proudhon hier anspielt, konnte ich nicht herausfinden. Der erste Erzieher (also «précepteur») des Sohnes von Napoléon III, Louis-Napoléon Bonaparte (1856-1879), war der Historiker Francis Monnier (1824-1875), ernannt 1863 (ein Jahr nach Erscheinen des vorliegenden Essays).

und Streitereien zum Trotz an der Gemeinschaft mit Papst und Episkopat fest. Rom aufzugeben und, wie sie so töricht sagen, Italien den Italienern zu überlassen, das hieße für Napoléon III, seine Ansprüche von 1859 zurückzunehmen, dem Kaiser von Österreich das Feld zu überlassen, alle Ergebnisse des Lombardei-Feldzugs zu verspielen und den Untergang des Königreichs Italien zu beschleunigen, eines unglücklichen Königreichs, das vierzehn Jahrhunderte lang zehnmal gegründet und zehnmal zerstört wurde. Und was bot die halb-bonapartistische und halb-jakobinische Kamarilla Napoléon III als Entschädigung an? Den Beifall der Zeitschriften «Siècle», «Opinion nationale», «Presse», «Temps» (möglicherweise) und «Débats». Das wiegt, offen gesagt, die dreihundert Kirchenmänner nicht auf, die neulich aus allen fünf Kontinenten nach Rom pilgerten und seiner Haltung zum Heiligen Vater zujubelten.

Ich will noch mehr sagen: Wie auch immer die Meinung eines Staatsmannes in Glaubensfragen aussehen mag, wenn er nicht einer Revolutionsregierung dient, bewaffnet mit revolutionärer Propaganda, ist es ihm verboten, auf religiöse Gedanken und Institutionen einzuwirken und insbesondere weltliche Fragen zum Nachteil des Heiligen Stuhls zu entscheiden, wozu man die kaiserliche Regierung ständig drängt. Abgesehen davon, dass hierdurch die Trennung von Geistlichem und Weltlichem, wenn man es auf die Spitze treibt, in der Theorie zu einer Absurdität und in der Praxis zur Farce wird, zerstört man auf diese Weise keine Überzeugungen und vernichtet die Kirchen und Sekten nicht. Nur die Philosophie, und zwar die radikalste, die langsam auf freie Köpfe einwirkt, vermag solches zu leisten. Das Einzige, was eine gewöhnliche Regierung tun kann, gezwungen Meinungen und Sekten zu tolerieren, ist, die Angelegenheit der Zeit zu überlassen und von jeglicher

Initiative abzusehen.[1] Einige Hitzköpfe drohen dem Papsttum mit Schisma, ja sogar mit Protestantismus; andere, Schmeichler bis zum Exzess, schlagen Napoléon III vor, sich sowohl zum geistlichen als auch weltlichen Oberhaupt zu erklären. An diesen Träumen kann man die Verwirrung der Gemüter ablesen. Das Schisma, wäre es ernst gemeint, nämlich wenn es wirklich durch das religiöse Gefühl und durch die christliche Idee verursacht werden würde, würde den Triumph des Papsttums bedeuten, indem es zeigt, wie solide der Fels noch ist, auf dem die Kirche erbaut wurde. Der Protestantismus ist freilich tot: Es gibt da bloß noch germanische Schwuchteln, die sich «Christen» schimpfen können, obwohl sie die Autorität der Kirche und die Göttlichkeit Christi leugnen. Was in Anlehnung an die ersten Cäsaren die Ernennung Napoléons III zum geistlichen Oberhaupt betrifft, kann ich mir vorstellen, was passieren würde. An diesem Tag würde die Revolution zu ihm sagen, wie der Heilige Remigius bei der Taufe[2] Chlodwigs: «Neige dein Haupt, stolzer Sugambrer; bete an, was du verbrannt hast, und verbrenne, was du angebetet hast.» Aber es wäre nicht das Reich Gallien, welches er als Belohnung für seine Taufe erhalten würde. [Taufe, das wäre, ich bediene mich eines milderen Wortes, seine Absetzung.][3]

Mazzini scheint sich über all dies gar keine Gedanken gemacht zu haben. Er will Rom, und zwar will er die Stadt sofort. Diejenigen, die zwar auf der Abschaffung weltlicher Autorität bestehen, sich aber in Bezug auf das Geistliche umso willfähriger der Autorität des Papstes unterwerfen, bezeichnet er als «Heuchler». Er versteht, wie Napoléon I,

1 Man beachte erneut diese konservativ-evolutionäre Argumentation des Anarchisten!
2 Zwischen 497 und 507.
3 An dieser Stelle stehen im Buch von 1862 wieder Auslassungspunkte, jedoch ohne erneute Fußnote des Redakteurs. (Ausgabe 1959, S. 96.)

dass der Heilige Vater als König des Geistlichen auch der König des Universums ist. Die Idee, die der Papst vertritt, sagt Mazzini, sei ausgelaugt; sie müsse mit allem anderen entsorgt werden. Wunderbar: Aber gleichzeitig muss sie ersetzt werden, diese Idee; und dafür brauchen wir etwas Besseres als das *Glaubensbekenntnis des savoyischen Vikars*,[1] etwas Besseres als Mazzinis bemühtes Motto *Dio e popolo*. «Gott und Volk», das ist immer noch Aberglaube, immer noch Papismus. Na also: Das ist Mazzini, welcher Andere der Heuchelei bezichtigt, wie er zu seiner eigenen Überraschung mit einem erneuten, von Robespierre entlehnten Deismus *in flagranti* bei der Heuchelei erwischt wird!

IV

Mit dem Vorangegangenen habe ich wohl bewiesen, dass Mazzini nicht ernsthaft aufgrund des Sieges von Solferino 1859 mit der Verwirklichung seiner Hoffnungen rechnen konnte, und dass er, als er so ungeschickt war, vor der Schlacht gegen das Bündnis mit Frankreich zu wettern, noch mehr im Irrtum befangen war, sich nach ihr der Bewegung anzuschließen. Im Weiteren geht es nun darum, diese berühmte Einheit zu untersuchen, für die Italien vier Jahre lang so viel Blut und Mittel aufwandte.

Anderen, wie zum Beispiel Ferrari,[2] sei es überlassen zu beweisen, dass Italien seinem Temperament und seiner Bestimmung nach föderalistisch ist, dass seine Traditionen, seine Talente und seine Tendenzen sich gegen die Einheit

1 Ein Kapitel im Erziehungsroman «Emile» Jean-Jacques Rousseaus (1762). In ihm wird der «deistische» Kult des höchsten Wesens und der Vernunft losgelöst vom klassischen Christentum begründet, den der Jakobiner Robespierre während der Tugendherrschaft des «Wohlfahrtsausschusses» in Frankreich mit Staatsgewalt zu implementieren trachtete.
2 Vgl. S. 33, Fn. 2. — Mehr zu Proudhons eigenem Beweis, weshalb Italien föderalistisch sei, findet sich in dem Essay von 1864 weiter unten.

richten, sowie dass es Denaturierung und Rückschritt bedeutet, wenn man ihm eine einheitliche Form aufzwingt. Die alten Gallier waren Föderalisten wie ihre Nachbarn, die Germanen; die Französische Revolution war von 1789 bis 1793 ebenfalls föderalistisch. Erst die Jakobiner brachten uns mit der Einrichtung des Tribunals am 31. Mai 1793 Unteilbarkeit und Zentralismus.[1] Seitdem begann Frankreich, sich selber für diese Zentralisierung zu bewundern; man sagt ihm, das Ausland beneide es, und Frankreich und die Ausländer, die ihm zuhören, glauben dem. So widerstreiten Nationen sich selber, ändern ihre Maximen und ihre Formen: Ein rein aus den historischen Traditionen gezogener Einwand wäre nicht stichhaltig. Stattdessen müssen wir die Idee an sich beurteilen, ihren Wert anerkennen oder ihre Nachteile aufzeigen. Das werden wir zu tun versuchen.

Allgemein wird Mazzini als einer der Väter der Einheit Italiens angesehen. So wie ich ihn einschätze, scheint er niemals etwas anderes im Sinn gehabt zu haben. Mazzini ist antisozialistisch, Louis Blanc[2] und ich haben uns dazu geäußert; und oben sahen wir, dass es zwischen seinem Republikanismus und der Monarchie einen Kompromiss geben könnte. Seine Originalität liegt ganz in dem Dogma, dessen Apostel er geworden ist: italienische Einheit. 1820, noch ein ziemlich junger Mann, der, wie man hört, bei Verschwörungen in Italien, in Frankreich und in Spanien mit-

1 Am 10. März 1793 wurde das Revolutionstribunal zur Aburteilung von Gegnern, der Wohlfahrtsausschuss, als zentrale Instanz der jakobinischen Macht, am 5. April 1793 eingerichtet; im Mai kam es zu Preisregulierungen und Zwangsanleihen. Die Namensgebung «Revolutionstribunal» erfolgte erst am 29. Oktober 1793. Proudhons Datum 31. Mai 1793 bezieht sich auf einen Aufstand von Arbeitern und Handwerkern («Sansculotten») in Paris gegen die gemäßigte Revolutionsregierung, den die Jakobiner zur eigenen Machtergreifung nutzten.
2 Louis Blanc (1811-1882), Vordenker der französischen Sozialdemokratie.

mischte, begeisterte Mazzini sich für diese Einheit, die er zur ruhmreichen Wiederauferstehung seines Landes erklärte. Im Jahr 1820 war Politik in aller Munde, es herrschte Verfassungsfieber. Die wirtschaftliche und soziale Frage stand noch nicht auf der Tagesordnung. Spanien, Russland, Deutschland zeigten durch heldenhafte Anstrengungen, was der Wille und der Zusammenschluss eines Volkes zur Verteidigung seiner Freiheiten und zu seiner eigenen Erneuerung bewirken kann. Der Anblick des in fünfundzwanzig Jahren so veränderten, nach den zahllosen Katastrophen so strahlenden Frankreichs verlieh jenem System der Zentralisierung ein nahezu unwiderstehliches Prestige. Bei einem zwanzigjährigen[1] Politiker war diese Illusion verzeihlich. Doch einige Propheten, Sismondi,[2] Chateaubriand,[3] Royer-Collard,[4] Fourier,[5] Saint-Simon,[6] tadelten bereits Zerbrechlichkeit, Leere und Falschheit der neuen Institutionen; obwohl ihre Stimme während der besten Jahre der Restauration überraschte, konnte sie nach der Revolution vom Februar 1848 in Frankreich nicht mehr die gleiche sein: Die Erfahrung hatte sie bestätigt. Es scheint aber, dass Mazzini seine Meinung aufgrund der Tatsachen nicht änderte: 1848 und 1862 blieb er derselbe wie 1820, ein Jakobiner vom Temperament her, feindselig gegenüber

1 Mazzini war 1820 tatsächlich erst 15 Jahre.
2 Jean-Charles-Léonard Simonde de Sismondi (1773-1842), Kritiker der Freihandelslehre. (Proudhon ist *kein* Fan von ihm; vgl. S. 155, Fn. 1.)
3 François-René de Chateaubriand (1768-1848), gilt als ein Begründer der französischen Romantik.
4 Pierre-Paul Royer-Collard (1763-1845), gemäßigter Politiker, über dessen Schriften heute kaum noch etwas bekannt ist.
5 Joseph Fourier (1772-1837). Seine frühsozialistischen Ideen stehen im Widerstreit zwischen dem Wunsch nach individueller Emanzipation und dem Entwurf eines nach klösterlicher Strenge geregelten Lebens.
6 Interessant, dass Proudhon Saint-Simon weiter oben (siehe S. 48, Fn. 2) als Inbegriff des autoritären Sozialismus verachtete, ihn hier aber als Kronzeugen gegen Mazzini anruft.

sozialen Ideen, ein Religiöser nach Art von Jean-Jacques Rousseau und darüber hinaus Einheitsmensch gegen alle Widerstände, bis hin zur Verschwörung. Konzentrieren wir uns also auf die Einheit und versuchen wir, uns ein genaues Bild von ihr zu machen.

Die Zentralisierung, und um nichts anderes handelt es sich bei der «Einheit», bewirkt vor allem das Verschwinden eingeborener Charakteristika der verschiedenen Orte im Land; während man sich vorstellt, sie hebe das politische Leben der Masse, wird es in seinen Bestandteilen und sogar in seinen Elementen zerstört. Ein Staat mit sechsundzwanzig Millionen Einwohnern, wie es Italien wäre, ist ein Staat, der alle kommunalen Freiheiten der Provinzen konfisziert zugunsten einer übergeordneten Macht, nämlich der Regierung. Dort muss jeder Ort schweigen, wird der Lokalpatriotismus[1] stillgestellt: Außer am Wahltag, wenn der Bürger seine Souveränität ausdrückt, indem er einen Namen auf einem Wahlzettel ankreuzt, geht die Gemeinschaft in der Zentralgewalt auf; alles, was die Verwaltung, die Justiz, die Armee, das Bildungswesen, die Aufgaben der öffentlichen Hand, die Ordnung, die Religion usw. betrifft, landet im Ministerium, alles, was die Gesetzgebung betrifft, im Parlament. Kurz, Fusion bedeutet Vernichtung der besonderen Nationen, in denen die Bürger leben und sich unterscheiden, zugunsten abstrakter Nationalität, in der sie nicht mehr atmen und sich nicht mehr kennen: das ist die Einheit. Mazzini ist ein Nationalist; in seinem Manifest spricht er nur vom «Recht der Nation». Wenn nun das Prinzip des Nationalismus wahr ist, dann gilt es für die kleinsten Nationen in gleicher Weise wie für die größten; es

1 «l'esprit de clocher».

impliziert Unabhängigkeit und Autonomie der kleinsten Gruppen ebenso wie der größten Agglomerationen, umso mehr, als es letztlich unmöglich ist, eine Nation klar einzuzäunen, abgesehen von den territorialen Grenzen, die manchmal durch die Natur, manchmal durch die Politik gegeben sind.

Aber das Prinzip der Nation ist nur ein Köder im Munde der Vereinheitlicher, und ich möchte Mazzini nicht glauben lassen, ich nähme seine Worte weniger ernst als er selber. Nationen schätzen diese Herren für ebenso gering ein wie geistige Mächte: Das sieht man an der Art und Weise, wie die Beamten der piemontesischen Regierung die annektierten Völker behandeln, die aufmucken.

Um sechsundzwanzig Millionen der Selbstbestimmung beraubte Menschen zu regieren, um diese riesige Maschine zum Laufen zu bringen, braucht man eine gewaltige Bürokratie, Legionen von Beamten; um sie nach innen und nach außen zu verteidigen, um ihr bei ihren Untertanen und bei ihren Gegnern Respekt zu verschaffen, braucht man ein stehendes Heer. Angestellte, Soldaten, Steuerzahler — das ist es, was von nun an die Nation ersetzt. Vor 15 Jahren wurde die Zahl der Beamten in Frankreich auf 600 000 geschätzt. Diese Zahl hat sich seit dem Staatsstreich[1] sicherlich nicht verringert. Die Mannschaftsstärke der Armee und der Marine blieb konstant. All dies ist für die Einheit unerlässlich; es handelt sich um die allgemeinen Spesen des Staats, Spesen, die als direkte Folge der Zentralisierung invers zur Freiheit der Provinzen steigen.

Schließlich erfordert diese grandiose Einheit Ruhm, Prestige und Luxus: daher auch eine imposante Zivilliste,[2]

1 1852 erklärte der nach der Februarrevolution von 1848 zum Präsidenten gewählte Louis Napoléon sich zum Kaiser: Napoléon III.
2 Unterhaltszahlung aus dem Staatshaushalt an den Monarchen.

prachtvolle Gehälter, Förderung von Literatur und Kunst,
Konsulate, Pensionen und Pfründe. Ehrgeizlinge, Ränke-
schmiede, Tunichtgute, Tagediebe, alles Anhänger der Einheit, scharen sich um die Regierung. Natürlich kann man
nicht den einen alles geben und den anderen nichts. Im
Regime der Einheit hält jeder die Hand auf; Städte und
Einzelpersonen wollen etwas. Nach einem überdrehten
System versorgt man Kommunen, Kirchen und Verbände
mit Geschenken, Subventionen und Aufträgen; man veranlasst Stadtentwicklung und Ausbau der Infrastruktur;
errichtet und reißt ein; vervielfacht Eisenbahnstrecken
und Straßen unter strategischen Gesichtspunkten; setzt
lokalen Honoratioren Denkmäler; fördert Handel, Landwirtschaft und Industrie durch Medaillen, Messen, Steuer-
nachlässe und Kapitalaufstockungen. Bergwerke, Kanäle,
Schienennetze, Kolonien, Devisenbringer, Ministersessel,
Projektvorhaben, Konzessionen aller Art, Zuwendungen
sind die Währung, mit der die Regierungen ihre Wähler be-
zahlen, die Öffentlichkeit auf Trab halten und jedermann
die Hoffnung auf Reichtum geben. Alles nimmt man von
den Massen: Wer das größte Stück kriegt, ist Sieger. Eine
geeinte Nation ist eine Nation, die an ihre Regierung verkauft wird, «urbem venalem».[1] Sie verschachern eine Stadt
für eine Kirche, ein Dorf für einen Tabakladen. Ich habe es
erlebt, wie die Zentralregierung eine Kreisstadt bestrafte
durch die Verlegung einer dort stationierten Infanterie-
kompanie; eine andere gab ihren Widerstand gegen die
Zentralregierung auf im Zuge der Errichtung einer Polizei-
dienststelle.

Und wer profitiert von diesem Regime der Einheit? Das
Volk? Nein, die Oberschichten.

1 Sallust: «Urbem venalem et mature perituram, si emptorem invenerit.»
Eine käufliche Stadt, reif zum Untergang, wenn sie einen Freier findet.

Unter den Cäsaren hieß Einheit die Prätorianer-Autokratie, die Ausplünderung der Provinzen, der freie Unterhalt der Plebs von Rom. Gott bewahre mich davor, das Imperium von Napoléon III mit dem von Nero, Commodus oder Caracalla gleichzusetzen! Die Einheit ist heute und seit 1815 lediglich eine Form der bürgerlichen Ausbeutung unter dem Schutz der Bajonette. Ja, die politische Einheit in den großen Staaten ist bürgerlich: Die Stellen, die sie schafft, die Intrigen, die sie provoziert, die Kräfte, die sie hofiert, all das ist bürgerlich und nutzt der Bourgeoisie. Es gibt in der französischen Armee fünfundzwanzigtausend Stellen für Offiziere aller Ränge und genauso viele Unteroffiziere: Glauben wir, dass die Armee mehr als vierundzwanzig Stunden bestehen würde, ohne sich aufzulösen, und dass die Macht sich auf sie stützen könnte, wenn die Untertanen, die jene Stellen finanzieren, sich so wenig um ihre Arbeit kümmerten wie die Soldaten um ihren Dienst? Von den zwei Milliarden und sechzig Millionen Francs, aus denen der Haushalt des Reiches sich zusammensetzt, gehen zwei Drittel an die Bourgeoisie: Seit dem Brumaire[1] ist das ihre Art, an der Regierung zu partizipieren. Für den Bourgeois, den Bankier, den Spekulanten, den Großgrundbesitzer, den Beamten, den Künstlern oder den Literaten gibt es in einem kleinen Staat gar nichts zu holen. Wenige, undankbare Aufgaben, geringe Entlohnung, Ehrenämter,

1 «Brumaire» ist ein Monat im kurzlebigen Kalender der Französischen Revolution. Am 18. Brumaire VIII (9. November 1799) fand der Staatsstreich statt, mit dem Napoléon I zum Alleinherrscher wurde. Allerdings bezieht Proudhon sich hier vermutlich auf die Schrift von Karl Marx *Der achtzehnte Brumaire des Louis Bonaparte* (1852), in welchem Marx analysiert, dass die Bourgeoisie mit der Installation des durch Napoléon III erneuerten Kaisertums ihre politische Macht völlig abgibt zugunsten eines Staatsapparates, der sie im Gegenzug ökonomisch fördert. Marx hätte es nie zugegeben, dass er diese Lektion — Korporatismus als Grundlage der politischen Ökonomie — ursprünglich von Proudhon gelernt hatte.

viel Schattenarbeit: Soetwas reicht nicht aus, um Ehrgeiz zu erregen, um Persönlichkeiten anzulocken.

Mazzini ist Republikaner, und er brüstet sich damit. Weiß er, was er mit seiner Einheit Italien antut? Er hat das Land mit Despotismus infiziert. Mazzini ist ein Demokrat; die Sache, die er verteidigt, ist die des Volkes. Weiß er, was er dem italienischen Volk antut, indem er es zu Fanatikern der Einheit macht? Er errichtet über dem Volk die bürgerliche Herrschaft, eine Herrschaft, die in Frankreich seit 1847 beendet, gerichtet und verurteilt ist; eine Herrschaft, die der Fehler der ersten Konstituante, der Jakobiner, des Konsulats, der Restauration, der Julimonarchie war und die Napoléon III zum Verhängnis macht.

Sollte sein Einheitsprogramm verwirklicht werden, hat Mazzini mehr als jeder andere dazu beigetragen, in Italien das zu installieren, was Frankreich 1848 nicht mehr wollte. Denn was ist diese konstitutionelle Monarchie, deren Hauptnutznießer Viktor-Emanuel ist, anderes als die Einheit der Regierung anstelle der Autonomie der Provinzen und Gemeinden, zum Vorteil der Klasse, die den Habit trägt, gegenüber der Klasse, die den Kittel trägt? In Italien, wie überall, liebt der Bourgeois bezahlte Positionen, die für den einfachen Mann nicht in Frage kommen. Mazzini hilft beim Beutezug: Was kriegen seine Freunde ab, die Männer des Volkes? In Italien gibt es massenhaft kirchliches Eigentum, das der Bourgeois nur zu gern versilbern würde. Wie viel von diesem heiligen Boden wird an den mittellosen Proletarier gehen, an den Bauern, der sich zur Hölle verdammt sehen würde, nähme er sich seinen Anteil am «Erbe der Armen»,[1] selbst wenn er dafür bezahlte?

---

[1] «[du] patrimoine des pauvres», Titel eines Buches von Adolphe de Watteville Du Grabe, 1847. Der Zusammenhang zwischen dem Buch und dem von Proudhon Gesagten hat sich mir nicht erschlossen.

Manche von Mazzinis Anhängern behaupten, die Einheit sei für ihn nur eine Taktik; sein wahres Ziel bestünde darin, Italien gegen die Rückkehr der Fremdherrschaft zu sichern, indem er es bewaffnet und zusammenschließt. Man fügt hinzu, es gebe keinen Italiener, der ihn nicht auf diese Weise versteht. Hältst du die Italiener etwa für Vereinheitlicher?, sagen sie. Niemals.

Ich gestehe, dass Mazzini mich mit großem Mitleid erfüllen würde, wenn ich an die Aufrichtigkeit einer solchen Rechtfertigung glauben könnte. Aber sie schweift zu sehr in die Ferne, wo allein der gesunde Menschenverstand gefragt ist.

Denn Napoléon III war von derart enormer Liebenswürdigkeit, dass er sowohl vor als auch nach der Schlacht von Solferino 1859 erklärte, er beanspruche nichts für Frankreich jenseits der Alpen; als Belohnung begnüge er sich mit einer unbedeutenden Verschiebung der Grenze am Fuße des Montblanc und dem linken Ufer des Var; denn heute wird anerkannt, dass das wirkliche Hindernis für die Rückkehr der Österreicher nicht die Armeen der Halbinsel, nicht die Rothemden Garibaldis oder die Geheimbünde Mazzinis sind, sondern der Arm Frankreichs: Weswegen wurde solch hehrer Schutz nicht in Anspruch genommen, um die Föderation zu gründen? Napoléon III hat sich ihr verschrieben, und auch jetzt, in diesem Moment, lässt er nicht von dieser Idee, obwohl es so viele Nörgler gibt. Warum bezeichnet der Mann, den Italien den «Befreier» nennt, den «Vorfrieden von Villafranca»,[1] der eine Föderation für Italien vorsieht, als «Verrat» und spricht sich in ebenso kränkender wie unangebrachter Weise für die italienischen

---

1 Siehe S. 33, Fn. 4. — Sind dies rhetorische Fragen an die Adresse eines Ideologen, oder gesteht Proudhon Mazzini zu, dieser sei ganz ehrlich am Wohlergehen der Italiener interessiert gewesen?

Einheit aus? Warum hat er durch ein so unkluges, so un-
dankbares Verhalten eine Gefahr heraufbeschworen, die es
zuvor nicht gab, diejenige nämlich, dass das entrüstete
Frankreich sich eines Tages aus Italien zurückzieht? Dann
werden weder Viktor-Emanuels Tapferkeit noch Garibaldis
Hilferufe sie abzuwenden vermögen. Der Grundgedanke
des «Vorfriedens von Villafranca», die Föderation Italiens
unter dem Schutz Napoléons III, sollte von allen Italienern
als eine «Frohe Botschaft» gefeiert werden: Der italienische
Machiavellismus entschied in Verbindung mit einer un-
verständlichen Politik der französischen Zeitungen anders.
Mehr als bei irgend jemandem liegt die Verantwortung bei
Mazzini.

Ich gebe auch nicht zu — hiermit stehe ich nicht allein
da —, dass föderale Verfassung mit einem guten System
der Landesverteidigung unvereinbar sei. 1855 wurde das
zentralistische Russland an seiner Grenze angegriffen und
unterlag den Alliierten, die 1 200 Meilen fern ihrer Heimat
kämpften.[1] Im Jahr 1859 erlitt das zentralistische Österreich das gleiche Schicksal und zwar unter den gleichen Bedingungen.[2] Auf der anderen Seite konnte man sehen, wie
korrekt die Helvetische Eidgenossenschaft sich verteidigen
konnte, als sie 1836 durch den französischen Bürgerkönig
Louis-Philippe und 1856 vom Preußischen König Friedrich
Wilhelm IV bedroht wurde.[3] Während ich schreibe, stellen

[1] Krimkrieg 1853 bis 1856. Die Alliierten: Osmanisches Reich, Frankreich,
Großbritannien und ab 1855 auch Sardinien-Piemont.
[2] Schlacht von Solferino.
[3] 1836 kam es zu einem Streit, als Frankreich die Auslieferung des späteren
Napoléons III verlangte. Frankreich setzte Truppen in Marsch, die Schweiz
bereitete sich auf militärischen Widerstand vor. Napoléon verhinderte den
Waffengang, indem er freiwillig die Schweiz verließ. — 1856 gab es eine
ernsthafte Konfrontation zwischen der Schweiz und Preußen um Neuenburg, wo Preußen das Fürstentum restaurieren wollte. Die Schweiz rechnete
mit Unterstützung der Bevölkerung in Baden und eventuell mit dem An-

wir etwa fest, dass die Vereinigten Staaten des Nordens wegen der mangelnden Zentralisierung auf die geringsten Schwierigkeiten stoßen, den Süden anzugreifen, und dass dieser in irgendeiner Weise sich bei seiner Verteidigung zurückhält? Es ist wahr, dass der Patriotismus unter den Schweizern tief und der Zorn unter den Amerikanern groß ist: Na sowas! Stellen diejenigen, die die Einheit Italiens fordern, etwa den Eifer und den Mut der Menschen auf der Halbinsel in Frage? Sprechen wir also nicht von Union: Das ist «Nötigung zum Eintritt»,[1] das ist Gewalt.

Ein letzter Gesichtspunkt: Aus Sicht der europäischen Demokratie halten Mazzini und seine Anhänger ihre Parole nicht ein, sondern handeln aus nationalem Egoismus; und dafür werden sie abgestraft. Die Föderation Italiens, durch einen Kaiser vorgeschlagen und verteidigt, war ein Glücksfall für die Freiheit ganz Europas. Noch nie zuvor hatte die Konterrevolution den Republikanern ein so gutes Geschäft beschert. Ein föderales Italien mit verfassungsmäßiger Freiheit allüberall, das war die wahre Verwirklichung des Grundsatzes «Union verleiht Stärke». Kein Grund mehr für Eifersüchteleien zwischen den Städten, für Rebellionen, für Bürgerkriege. Man nahm den jungen König von Neapel neben Viktor-Emanuel in die Liste der konstitutionellen Könige auf;[2] der Papst, weiter im Besitz des Kirchenstaats, sah sich gezwungen, mit ihnen gleichzuziehen; der Kaiser

schluss süddeutscher Truppen an die Schweiz; Preußen plante, die Schweiz zu zerschlagen, wurde aber durch die Haltung der anderen Großmächte gehindert und verzichtete 1857 auf alle Ansprüche betreffs Neuenburg.

1 «compelle intrare», zum Eintreten nötigen, ist die Formel der lateinischen Vulgata für das Gleichnis Jesu vom Großen Abendmahl (Lk 14:23): Keiner der geladenen Gäste hat Zeit, sodass der zornige Gastgeber den Knecht ausschickt, zufällige Passanten zum Eintreten zu nötigen. Die Formulierung vom Nötigen diente in der Geschichte des Christentums zur Legitimierung der Zwangsmission.

2 Franz II von Sizilien (1836-1894).

von Österreich, den die Bewegung nicht verschonte, fand seine Hände gefesselt; auch der Herzog der Toskana hätte sich nicht gesträubt.[1] Italien mit seinen Königen, seinen Fürsten, seinem Kaiser und seinem Papst war dabei, ohne Anstrengung in den Besitz seiner selbst zu gelangen und so seine wahre Existenz zu beginnen. Ein Vorbild für die Menschen in Österreich! Eine Idee, die der französischen Nation präsentiert wurde! Welche Kraft der Revolution! Aber für die Staatsmänner jenseits der Berge zu simpel, zu direkt, zu bedrohlich: Es scheint besser, den Umweg zu nehmen. Aber wie soll das gehen? Man träumt davon, das apostolische Reich aufzulösen, und man beginnt damit, ein einheitliches Italien zu schaffen, als die angeblich einzige Möglichkeit, ihm Leben einzuhauchen! Können wir nicht sehen, dass Österreich, seit Italien die Einheit anstrebt, ohne sie erreichen zu können, die eigene Einheit wiederhergestellt? Kann das sein? Wir appellieren an die Nationen, und das erste, was wir aus der Unabhängigkeit machen, ist, sie zu verschlingen: Neapolitaner, Romagnoli, Toskaner, Lombarden gelten in Italien weniger als Ungarn, Böhmen, Kroaten in Österreich! Widersprüche, Spott.

VI

Ich weiß nicht, ob die italienische Einheit erreicht werden wird: Wer könnte das schon? Es wäre schon möglich, dass Kaiser Napoléon III, nachdem er lange Zeit den Einflüssen widerstanden hat, welche ihn bedrängen, seine Soldaten nun doch von der Halbinsel abzieht, Rom Viktor-Emanuel überlässt sowie ihm hilft, Venedig zurückzuerobern, und

---

1 Ferdinand IV (Toskana) (1835-1908). Ab 1859 letzter Großherzog der Toskana, 1860 dem Königreich Sardinien einverleibt. — Die nächsten Sätze unterstreichen: «Ein Vorbild für die Menschen in Österreich! Eine Idee, die der französischen Nation präsentiert wurde! Welche Kraft der Revolution!»

hiermit gegen Frankreich und gegen sich selber vollendet, was er so unglücklich mit Herrn de Cavour[1] und Garibaldi hat beginnen lassen. [Dergestalt wird der Stumpfsinn der französischen Nation ins Hirn ihres Kaisers aufsteigen.][2] Mithin wäre bewiesen, dass Frankreich auf jede Art von Ruhm verzichtet, auf Vorherrschaft genauso wie auf Freiheit, Glanz und Prinzipien.

Alles, was ich sagen kann, ist, dass Mazzini, indem er sich einredete, die italienische Einheit könne aus dem Feldzug von 1859 hervorgehen, und diese Idee Viktor-Emanuel aufzwang, ein schlechtes Urteilsvermögen bewies sowie seine Mission als Revolutionär und Demokrat verfehlte. Die Einheit Italiens ist wie die «unteilbare Republik»[3] von Robespierre Grundstein für Despotismus und bürgerliche Ausbeutung. Hat jemand solche Fehler begangen, bleibt ihm nichts mehr, um sich zu verschwören; er verschwindet. Vergeudung und Defizit, Willkür, Heuchelei, subalterne Tyrannei, Aufruhr, Massaker, Ruin, das ist es, was Italien in den letzten vier Jahren erleben musste aufgrund dieser Politik der Einheit, die seit 1820 von Mazzini vertreten, von de Cavour und den Nachfolgern heimlich wieder aufgegriffen und in Frankreich von einer gewissenlosen Presse unterstützt wurde. Ein Landsmann Mazzinis sagte über ihn, er habe in seinem ganzen Leben nur zwei Dinge zu tun gewusst: den Reichen Geld und dem Volk Blut abzuzapfen, und beides sei nie zurückerstattet worden. — Die Italiener haben Geduld!

Was uns Franzosen betrifft, sollten wir ebenfalls Bilanz ziehen, was uns die mazzinische Utopie gekostet hat: eine

---

1 Siehe S. 42, Fn. 3.

2 Selbstzensur des Herausgebers 1862. (Ausgabe 1959, S. 106.)

3 Deklaration der Nationalversammlung am 25. 09. 1792: «La République française est une et indivisible.»

halbe Milliarde Francs sowie 50 000 Mann; vier verlorene Jahre für Bildung und Freiheit; vier Jahre Demoralisierung und Langeweile, vier Jahre, in denen man uns — völlig zu recht — von den Taten Garibaldis vorschwärmte sowie von der Ohnmacht des galanten Königs und der Traurigkeit des Heiligen Vaters die Ohren vollheulte. Auf der anderen Seite Undankbarkeit, Beleidigung, Verachtung seitens unserer Schützlinge. Kaum ist dieses Konto beglichen, wird ein weiteres in Mexiko eröffnet. Der gleiche Gedanke, der die italienische Einheit in Frankreich unterstützt, hat kürzlich die mexikanische Kampagne vorbereitet und unterstützt und eine Intervention zugunsten von Mexiko in den Vereinigten Staaten vorgeschlagen.[1] — Die Franzosen haben ja so viel Temperament!

✳✳✳

Muss ich betonen, dass ich beim Abfassen dieses Artikels keine imperialistischen oder päpstlichen Hintergedanken hatte? Ich bin ebenso wenig ein Waiblinger wie ein Welfe;[2] ich glaube nicht an die Erneuerung des Paktes Karls des Großen, ebenso wenig wie ich an die Wiederauferstehung des Rittertums glaube. Sich auf die Traditionen, Ideen und Interessen zu beziehen, auf die Mazzini bei seinem Versuch der Einheit stoßen sollte; die immer noch große Macht dieser Elemente darzulegen; die Schwäche jener Mittel zu

---

1 1862 eroberten französische Truppen Teile Mexikos und errichteten dort 1864 das Zweite Kaiserreich. Es gab Stimmen in Frankreich, die darüber hinaus die Rückeroberung der im «Amerikanisch-Mexikanischen Krieg» 1846-1848 an die USA verlorenen Territorien forderten. Die Gelegenheit war günstig: In den USA wütete der Bürgerkrieg.
2 Die Konfliktparteien im mittelalterlichen Italien: Die Ghibellinen (oder *Waiblinger*) standen auf der Seite des Kaisers, die Guelfen (oder *Welfen*) auf derjenigen des Papstes.

kritisieren, die zu ihrer Überwindung eingesetzt wurden; folglich zu behaupten, dass unter jenen Bedingungen, in denen Mazzini sich befand, ein Sieg unmöglich war und dass jede Kampagne, die sowohl gegen das Kaiserreich als auch gegen das Papsttum gerichtet sein sollte, in einer Katastrophe enden würde: das bedeutete natürlich nicht, sich diese Traditionen zu eigen zu machen, diese Ideen zu befürworten, diese Interessen zu verteidigen.

Wozu taugte der dreiunddreißigjährige Krieg, den die Konstitutionalisten[1] während der Restauration[2] und der Julimonarchie[3] gegen die Jesuiten führten? Zu weniger als nichts, denn schließlich schlugen sie sich gar selber auf die Seite der Jesuiten. Was richten heute Angriffe der Presse zugunsten von Italien und dessen Einheit aus gegen das französische oder österreichische Kaiserreich und gegen das Papsttum, Angriffe, die ebenso wenig Gewicht wie Urteilsvermögen besitzen? Nichts, denn, wie wir später sehen werden, sind Papsttum und Kaiserreich noch immer der innerste Gedanke Italiens, und in der sozialen Auflösung, mit der ganz Europa ringt, scheint der Katholizismus noch immer, wie sogar Gegner des Papsttums zugeben, einzige Zuflucht der Moral und Leuchtfeuer des Gewissens zu sein.

Wenn es also vor zwanzig Jahren kein Bekenntnis zum jesuitischen Glauben war, über alte Konstitutionalisten und deren Voltairianismus sich lustig zu machen, so ist es heute auch kein Bekenntnis zur päpstlichen Theokratie,

1 Liberale Befürworter der (republikanischen) Verfassung gegenüber der Restauration von Monarchie und Adel.
2 Von 1814 (Abdankung Napoléons I) bis 1830 (Julirevolution als Auslöser bzw. Julimonarchie als Ergebnis), unterbrochen durch die 100tägige Rückkehr Napoléons I 1815.
3 Als die Restauratoren versuchten, die alten Adelsprivilegien wieder auf- und die bürgerlichen Freiheiten abzubauen, brach 1830 eine Revolution aus, die in der Installation eines «Bürgerkönigs» mündete.

wenn man die vollkommene Unzulänglichkeit der von Mazzini eingesetzten Mittel zum Sturz des Papsttums feststellt. Derart verstanden es übrigens jene Zeitungen, die mehr oder weniger der Politik der kaiserlichen Regierung und der Unverletzlichkeit des Heiligen Stuhls zugetan sind und die Auszüge aus meinem Brief veröffentlichten: So wenig sie glaubten, dass ich mich ihren Vorstellungen anschließe, so wenig schlossen sie sich meinen an. Sie selber haben dies klargestellt. Das hinderte die Schaulustigen nicht daran zu glauben, dass ich mich dem Papismus, dem Imperialismus und wahrscheinlich sogar dem Panslawismus zuwandte. Die Gerüchteküche brodelte, vor allem unter den belgischen Liberalen, die sich seit langem dem Glauben an Garibaldi verschrieben hatten und überzeugt waren, dass die Freimaurerei[1] im Falle einer Übergabe Roms an Viktor-Emanuel das Christentum in der ganzen Welt beerben würde. Das Grunzen, das sie angelegentlich einer solchen Aussicht hören ließen, war bloß das Vorspiel des Gehampels, das dann losgetreten werden sollte.

[1] Sowohl Garibaldi als auch Mazzini und weitere führende Befürworter der italienischen Einheit gehörten den Freimaurern an. Der Gott, den Mazzini anrief, war nicht der christliche dreieinige Gott. Ausführlicher als Proudhon hat Bakunin sich mit Mazzinis *politischer Theologie* befasst: Die Religion verliert ihre Bedeutung als Balance zur Staatsgewalt und wird völlig für sie instrumentalisiert. (*La Théologie politique de Mazzini et l'Internationale*, 1871.)

Giuseppe Garibaldi
photographiert von Gustave Le Gray, Juni 1860
Getty Open Content

GARIBALDI

[VORSPANN]

Wenden wir uns nun Garibaldi zu: Am 13. Juli 1862, dem Datum der Veröffentlichung des vorigen Artikels, wusste ich so wenig wie alle anderen, dass Garibaldi beschlossen hatte, den Feldzug zugunsten der Einheit, bei welchem er 1860 über die Bourbonen von Neapel siegte,[1] wieder aufzunehmen. Sobald die Nachricht von seiner Abreise aus Sizilien sich verbreitete, entschied ich erneut, mich ruhig zu verhalten und den Ausgang abzuwarten, obwohl ich betreffs der Lösung eines so gravierenden Problems wie das eines geeinten und unteilbaren Italiens kein größeres Vertrauen in das Ansehen Garibaldis hatte als zuvor in die mazzinische Agitation. Ich wollte nicht zu der Niederlage beitragen, die ich voraussah, auch wenn es nur ein kleiner Beitrag gewesen wäre. Ich hätte mich geschämt, meine Pflicht und Schuldigkeit als Philosoph und Republikaner mit den Gezeter der christlichen und konservativen Missbilligung zu verbinden, das von allen Seiten gegen den unglücklichen General erhoben wurde. Und so ließ das Ereignis nicht lange auf sich warten, um meine schlimmsten Befürchtungen zu bestätigen.

Der folgende Artikel stammt vom 7. September 1862, zehn Tage nach Garibaldis Niederlage bei Aspromonte.

I

Als ich vor zwei Monaten meinen ersten Artikel über die Einheit Italiens schrieb, war Garibaldi noch nicht zu seiner neuerlichen Expedition aufgebrochen, und ich hatte keine Ahnung, dass er den Plan gefasst hatte, Rom und Venedig

1 Im Rahmen des «Zugs der 1000» Schlacht von Calatafimi am 15. Mai 1860 mit Sieg über die Streitkräfte des «Königsreichs beider Sizilien».

im Alleingang so zu erobern wie bereits das Königreich Neapel, und mir schwante nicht, dass mir die Ereignisse dank ihm bald Recht geben würden.

Folgendes drückte ich mit der Bewertung der Politik Mazzinis, dessen Person ich übrigens unangetastet ließ, im Wesentlichen aus:

— Dass Mazzini 1859, indem er sich der italienischen Bewegung anschloss, obzwar er noch kurz zuvor sein Misstrauen gegenüber Napoléon III beteuert hatte, leichtfertig und kurzsichtig handelte, denn Napoléon III konnte der Gefahr wegen, sich selber zu verleugnen, seinem eigenen Grundsatz nicht gerecht zu werden und die französische Vorherrschaft zu gefährden, einer Zusammenlegung von ganz Italien zu einem einzigen Staatsgebilde niemals zustimmen.

— Dass Mazzini, weil er für seine Partei die Hegemonie Viktor-Emanuels akzeptierte, einen Akt des Royalismus vollzog; dass er mithin in einem gewissen Sinne als großer Patriot, nicht aber als großer Politiker und noch weniger als großer Bürger bezeichnet werden konnte.

— Dass, was die Einheit selber betreffe, sie im Wesentlichen ein monarchistisches, militaristisches und bürgerliches Prinzip sei; und wenn diese italienische Fantasie sich aufgrund irgendeiner unwahrscheinlichen Herablassung des Kaisers der Franzosen verwirklichen ließe, würde sie in Italien ein kombiniertes System von Prätorianismus[1] und Ausbeutung einführen, das die Plebs in einen schlimmeren Zustand versetzen würde als zuvor.

— Dass in dieser Angelegenheit die italienische Demokratie sowohl anmaßend als auch ohnmächtig und eifer-

1 Prätorianer, von Kaiser Augustus (27 v. Chr.) bis Konstantin (313 n. Chr.) Garde zur Durchsetzung kaiserlicher Ansprüche. — Erneut ein Hinweis, dass Proudhon den Korporatismus analytisch vorwegnahm.

süchtig darauf aus war, allein und egoistisch zu handeln, und es versäumte, europäische Solidarität zu zeigen.

— Und schließlich, dass das sichtbarste Ergebnis all dieser Utopien darin bestünde, die wirtschaftlichen und sozialen Reformen in ganz Europa um zehn, vielleicht sogar fünfzig Jahre zurückzuwerfen.

Dies ist es, was ich vor zwei Monaten sagte und mit Recht unterstrich. Dabei verschonte ich die Personen, was auch immer sie gesagt haben mögen, qualifizierte aber ihre Aussagen so, wie es meiner Meinung nach nicht bloß aus der Sicht der demokratischen Sozialisten, vielmehr auch aus der der Franzosen und der der Menschheit nötig war.

Seitdem nahm Garibaldi das von Mazzini vorbereitete Werk in die eigene Hand und führte es aus. Er wollte die italienische Einheit vollenden, ohne den König, trotz des Königs und sogar gegen den König, während er lauter denn je «Es lebe der König!» rief. Garibaldi scheiterte kläglich. Mit einer Geste weckte Napoléon III die piemontesische Regierung aus ihrer Apathie, und es bedurfte nur achtzehnhundert «Bersaglieri»[1] unter dem Kommando eines Oberst, um Garibaldi aufzuhalten und ihn und seine zweitausend Freiwilligen dazu zu bringen, ihre Waffen niederzulegen.[2]

So hat die kaiserliche Regierung einerseits Mazzinis «Partei der Aktion» in Italien gebrochen; andererseits hat sich diese Einheit, die Mazzini gegen die Regierung zu erreichen sich erträumt hatte, gegen ihre eigenen Urheber gewendet, und dies unter dem Beifall Europas. Lesen Sie die englische, französische, deutsche und belgische Presse, und was finden Sie? Es steht dort, garniert mit vielen Sym-

---

[1] Infanterie des italienischen Heeres.
[2] [Fußnote von Proudhon:] Als diese Zeilen geschrieben wurden, hatten die Zeitungen die Einzelheiten der Schlacht noch nicht veröffentlicht.

pathiebekundungen für den Besiegten von Aspromonte,
dass die größte Verlegenheit für Italien, der gefährlichste
Feind der Einheitsregierung, gerade die republikanische
Partei sei — es seien Mazzini und Garibaldi!

Jetzt, da Mazzini und Garibaldi aus dem Weg geräumt
sind,[1] scheint das Zögern des Kaisers der Franzosen keinen
Vorwand mehr zu haben; es liege an ihm, so heißt es, das
Werk zu vollenden, indem er seine Truppen aus Rom abzieht und Italien endlich seine Hauptstadt gibt. Das ist es,
was die Zeitungen überall in Italien und in Frankreich verkünden; das ist es, was die vier- oder fünfhunderttausend
Schaulustigen, die sie lesen, mit einem Chor wiederholen,
der einen an der Beharrlichkeit Napoléons III zweifeln
lässt. Mehr denn je steht die Einheit Italiens auf der Tagesordnung. Kehren wir noch einmal zu dieser berühmten
Einheit zurück, die aus ebenso wilder wie leerer Laune heraus geboren wurde, die von einer prinzipienlosen Demokratie gestützt wird, die ebenso Ausdruck der Anarchie[2]
wie der Union ist und die soeben mit dem Blute Garibaldis
getauft wurde.

II

Der erste Gesichtspunkt, unter dem es meines Erachtens
angebracht ist, die Einheit Italiens heute zu betrachten, ist

[1] Nach der Niederlage von Aspromonte zog der am Fuß verletzte Garibaldi
sich zunächst zurück, brach aber 1866, freilich nach Proudhons Tod, zum
Dritten Unabhängigkeitskrieg auf.
[2] Verwendet Proudhon hier den Begriff «Anarchie» in der traditionellen
Weise als ein Synonym für Chaos (die Demokratie sei «sans principe», da sie
sowohl für Unordnung als auch für «union» im Sinne von Verein oder von
Genossenschaft sorge) oder in der von ihm ihm neu zugeschriebenen Bedeutung als aus Freiheit entstehender Ordnung (die Demokratie sei «sans
principe», da sie zwischen Selbstverwaltung und «union» im Sinne eines
Zentralismus hin und her schwanke)? Vgl. auch auf S. 155 die «vernünftige
Anarchie».

die Art und Weise, wie sie versucht, sich durchzusetzen. Jeder vor ein Gericht gebrachter Streitfall muss rigoros abgehandelt werden, wenn er formal gegens Recht verstößt; dann gilt er *ipso facto* als unrecht. Der Streitfall hier ist eine politische Hypothese und das Gericht sei die öffentliche Meinung. Das Urteil wird schließlich die Geschichte fällen.

Muss ich betonen, dass ich Garibaldis Charakter, seine ritterliche Hingabe und seine hohe Rechtschaffenheit ehrlich schätze? Hier ist ein Mann, der um seine Pflicht nicht feilscht und der es versteht, sich für eine Entscheidung zu verantworten. 1849 Verteidiger Roms,[1] 1859 Sieger bei Marsala,[2] 1860 Eroberer des Königreichs beider Sizilien,[3] verleiht er durch das Prestige seines Namens dieser Abtrünnigkeit und jener Usurpation eine Art Freibrief; im Privatleben prägt ihn uralte Einfachheit. Derart ist Garibaldi in seiner Person für alle ein unerreichbarer Maßstab. Seine Tugend trotzt jeder Verleumdung. Diejenigen, die ihn einen «Freibeuter»,[4] einen «Söldnerführer» nennen,[5] entehren sich selber.

Wenn es jedoch richtig ist, bei einem Parteiführer den Menschen von der Idee zu unterscheiden, wenn man demnach die Laster der Rolle nicht als Schwäche des Akteurs auslegen darf, hat man um so stärker die Berechtigung, bei aller Entschuldigung des Menschen gegebenenfalls die

---

1 «Römische Republik», ab 09. 02. 1849 fünf Monate, unter der Führung Mazzinis. Der Papst floh. Französische und spanische Truppen schlugen sie nieder und setzten den Papst wieder ein.

2 In Marsala landete Garibaldi am 11. 05. 1860 vor der Schlacht von Calatafimi. 1859 siegte er zunächst am 26. Mai über österreichische Truppen in der Lombardei, wurde dann jedoch am 15. Juni in Treponti geschlagen. Erst das Eingreifen Frankreichs (Schlacht bei Solferino, 24. Juni 1859) brachte den Sieg.

3 Siehe oben, S. 71, Fn. 1; vgl. auch S. 39, Fn. 4.

4 flibustier.

5 condottiere. — Anders hingegen S. 125, Fn. 2; sowie S. 85, Fn. 5 und 6.

Partei, die Idee und die Handlung zu tadeln: In dieser dreifachen Hinsicht lässt sich nicht leugnen, dass das jüngste Verhalten Garibaldis reichlich Anlass zur Kritik gibt.

Den Patrioten und den Soldaten bewundere ich in Garibaldi so sehr wie jeder andere auch. Ich tue es freilich nicht mehr, wenn ich sehe, wie er zum Anführer einer Fraktion, was sage ich? zum Instrument einer Fraktion mit ganz anderer Seele wird; wie er eine konspirative Politik betreibt; sich für den Dienst an einer zumindest zweifelhaften Sache in ein aufrührerisches Unternehmen stürzt; vor den Augen Europas das zweite Mal eines jener fabulösen Abenteuer auszuführen versucht, die nur einmal gelingen; in hitzigen Erklärungen die Fehler von 1793[1] wiederholt; seinem Land das Signal zum Bürgerkrieg gibt;[2] den Parteigängern der Häuser Habsburg und Bourbon, seinen Todfeinden, Hoffnung macht; Papsttum und Kirche hofiert und Priester und Mönche umgarnt, falls sie sich seiner Sache anschließen;[3] den Kommunalismus des Herrn Rattazzi[4] abwertet wie die Jakobiner den Föderalismus der Gironde;[5] die Ungarn zum Aufstand provoziert, ohne zu begreifen, dass für Ungarn die römische Frage gleichgültig ist; und wie er seine Feinde vervielfacht, indem er jedermann gegen sich aufbringt;

1 Gemeint ist hier die Machtübernahme der Jakobiner mit anschließendem Tugendterror in der Französischen Revolution.

2 [Fußnote von Proudhon:] Garibaldi beteuerte, er habe seine Truppe daran hindern wollen, Waffen einzusetzen,* und wir müssen ihm glauben. Aber er glaubte, die königlichen Soldaten würden desertieren, und versuchte, sie abzuwerben, was seine Sache nicht besser und seine Taktik nicht weniger linkisch macht. [* Was für ein General, dem die Truppe nicht gehorcht!]

3 Umgekehrt kreidete Bakunin Garibaldi 1873 an, Bismarck zu loben, nur weil dieser den «Kulturkampf» gegen die katholische Kirche entfesselt habe (zit. n. *Bakunin*, edition g. 116, S. 63).

4 Siehe S. 39, Fn. 2 oben. (Dort *negativ* bewertet!)

5 «Gironde»: Die Partei des gehobenen Bürgertums in der Französischen Revolution um den Salon von Madame Roland (1754-1793), die sich dem jakobinischen Zentralismus und Tugendterror entgegen stellte.

den Kaiser der Franzosen beleidigt, dessen Schutz[1] allein die Rückkehr der Österreicher verhindert; durch seine Geldanleihen in England einen ebenso gefährlichen Einfluss auf Italien etabliert wie den von Frankreich und Deutschland, und dies alles mit dem Ruf «Es lebe Viktor-Emanuel!» so heftig, so inbrünstig garniert, dass man nicht mehr weiß, an was man glauben soll: an die Aufrichtigkeit Garibaldis oder an seine Niedertracht.

Was können wir von einem solchen Durcheinander erwarten? Was ist von etwas zu halten, das den Menschen durch die Handlungen, die es ihnen abverlangt, moralisch tötet? Auch die öffentliche Meinung im Ausland nimmt Anstoß an Garibaldi; die gesamte Presse in England und in Frankreich, die für die Einheit Italiens votiert, lässt ihn im Stich; seine ehemaligen Schicksalsgenossen trennen sich von ihm; General Klapka[2] antwortete ihm im Namen der Ungarn, sie würden in ihm «die Stimme Italiens» nicht mehr vernehmen, er gehöre an die Seite Viktor-Emanuels, außerdem habe Garibaldi, nachdem er den Ruf der Serben, Griechen und Montenegriner nach seiner Unterstützung für ihre nationale Unabhängigkeit ausgeschlagen habe, die rechte Chance verpasst, und nun werde Ungarn Garibaldis Ruf nicht folgen. Zu der Ernsthaftigkeit dieser Vorwürfe gesellt sich die Ironie, und so ist es der Anwalt Kossuth,[3] der Garibaldis Schmerz den letzten Schliff gibt. Klapkas Sprache war offen, freilich würdigend und enthielt Sympathie; Kossuth, der bis zum letzten Moment wartete, um zu sprechen, und der sich vor der Äußerung vergewissern

---

1 Siehe dagegen auf S. 86, Fn. 4.
2 Georg Klapka (1820-1892).
3 Lajos Kossuth (1802-1894), 1848/49 einer der Führer der gescheiterten Unabhängigkeitsbewegung gegen Österreich, seitdem im Exil. Nationale Befreiungsbewegungen in anderen Teilen Europas wie Deutschland, Polen und Ungarn waren teilweise föderalistischer als die Italiens.

wollte, dass Garibaldis Abenteuer aussichtslos sei, macht Garibaldis Plan zum Gespött, macht eine Clownerie aus ihm: «Ich wollte sagen, Garibaldis Plan ist der Tritt eines Esels;[1] nein, Biss vom Zahn des Wiesels.»[2,3]

Ergibt sich nicht, frage ich, ein Anfangsverdacht gegen eine Sache, wenn sie durch ihre Taten in Misskredit gebracht und dann im entscheidenden Moment von ihren eigenen Helfern aufgegeben und bemängelt wird? Denn aus dem gesamten Verhalten Garibaldis geht hervor, dass die italienische Einheit für die Partei, deren Arm er war, viel weniger eine Frage des Prinzips als eine der Opposition war, ein Hebel gegen die Regierung des ehrbaren Königs. Vergeblich sagte der Minister,[4] die Einheit Italiens könne sich nur im Laufe der Zeit herausbilden; sie wurde sofort gefordert. Sie behaupten, in vierundzwanzig Stunden für Italien das erreichen zu können, was Frankreich nicht in neunhundert Jahren für sich erreicht hat; sie beschuldigen

1 «Le coup de pied de l'âne», Redensart, die sich auf Jean de La Fontaines Fabel *Der altgewordene Löwe* bezieht: Der Esel traktiert den altgewordenen Löwen, der sich nicht mehr verteidigen kann, mit Tritten.

2 Die Wendung «le coup de dent de la fouine» findet sich, soweit ich sehe, ausschließlich in diesem Text Proudhons. Sie könnte sich auf Victor Hugos Gedicht *Les Quatre Jours d'Elciis* von 1857 beziehen; eine Strophe lautet: «Vos plus fameux exploits et vos plus triomphants / Sont des dépouillements de femmes et d'enfants, / Des introductions dans les pays par fraude, / Les brusques *coups de dent de la fouine* qui rôde, / D'attaquer ceux qu'on a d'abord bien endormis, / D'arriver ennemis sous des masques d'amis; / Faits honteux pour l'épée et pour la seigneurie, / Vils, et dont je vous veux laisser la rêverie.» Hervorhebung von mir.

3 Es scheint sich um kein echtes Zitat zu handeln, sondern um Proudhons ironische Zusammenfassung von Kossuths offenem Brief an Garibaldi in der bonapartistischen Zeitschrift «L'Opinion nationale». — Obgleich auch Marx dieser Brief bekannt war (MEW 15, S. 185; MEW 30, S. 102), konnte ich ihn nicht genauer datieren. Er muss vor dem 26. 09. 1862 erschienen sein, da er an diesem Tage im «Richmond Times-Dispatch» auszugsweise wiedergegeben wird, allerdings ohne die ihm von Proudhon zugeschriebene Invektive.

4 Vermutlich ist Camillo Benso von Cavour gemeint (siehe S. 42, Fn. 3).

die Regierung des Kommunalismus; sie rufen «Es lebe der König!», beabsichtigen freilich, als Fraktion aufzutreten, einen Staat im Staat zu formen, Armee mit Armee, Partei mit Partei zu konfrontieren. Wenn Garibaldi in Aspromonte gesiegt hätte, wäre Viktor-Emanuel dazu übergegangen, die Patrioten ermorden zu lassen und mit Frankreich und Österreich sowie mit dem Papst zu paktieren. Daraufhin hätte Italien sich erhoben, Mazzini wäre zum Diktator und Garibaldi zum Generalissimus der Republik ernannt worden! Vor einem Monat war Garibaldi noch die größte und edelste Persönlichkeit Italiens; was bleibt jetzt von ihm? Was bleibt jetzt von seiner Partei? Die Schlacht von Aspromonte hat dieses Geheimnis gelüftet. Oberst Pallavicini[1] bewies jedem, der sich nicht blind stellt, dass die Stärke der «Partei der Aktion» in ihren Gesten und Verlautbarungen lag, und dass Viktor-Emanuel, wann immer er es wollte, Herr der Lage blieb. Von all diesen Abenteuern ist nur ein Mann übrig, Mazzini, der die Sache zwar vorbereitete, aber nichts zur Ausführung beitrug, und der sich nun darüber beschwert, Garibaldi sei ungeschickt gewesen. Armer Garibaldi!

Vergessen wir nicht in dieser traurigen Episode, die unter dem Namen des «Prinzips der Nationen» firmiert, die Brutalität zu bemerken, mit der der Parteiegoismus, kürzen wir das Wort: der nationale Egoismus, erzeugt wird.[2] Sie verschwören sich, sie bewaffnen sich im Namen der Freiheit und der Brüderlichkeit der Völker, aber jeder will das Bündnis zu seinem eigenen Vorteil ausnutzen. Die Griechen, die Montenegriner und die Serben begannen den

1 Emilio Pallavicini (1823-1901); Befehlshaber der gegen Garibaldi siegreichen Truppen in Aspromonte 1862.
2 In diesem Satz bringt Proudhon schön die Dialektik auf den Punkt, wie aus dem Plural der Nationen *die* Nation wird und mithin in Nationalismus und Militarismus umschlägt.

Reigen, aber Garibaldi, der nur an Rom dachte, war nicht
bereit. Jeder ist auf sich allein gestellt, jeder für sich. Dann
betritt er seinerseits die Szene und ruft Ungarn an; aber
Ungarn erklärt, internationale Solidarität sei nicht mehr
an der Zeit und Garibaldi müsse für seine eigene Rettung
sorgen, «Italia fara da se».[1] Das erinnert mich daran, dass
Mazzini, als er einmal von den Polen gefragt wurde, es ablehnte, sich ihrer Sache anzuschließen, denn die polnische
Aristokratie habe nichts mit der italienischen Demokratie
gemein.[2] Das ist alles schön und gut, wenn es einzig um
Reformen in der Wirtschaft und um die Emanzipation des
Proletariats geht. Aber wir haben gerade gesehen, dass es
sich in Italien nur um die Frage der Einheit und der Nation
handelte: Warum also die Polen abweisen?

III

Aber sollen wir zugestehen, dass die Frage der italienischen
Einheit nicht für Garibaldis Unglück verantwortlich gemacht werden darf? — «Es ist nicht ausgemacht», schreibt
mir jemand, «dass eine Regierung der Einheit an sich
schlecht ist und dem republikanischen Prinzip widerspricht.» Ein Weiterer: «Dass eine zeitweise Unterordnung
von ganz Italien unter eine zentralisierende Macht für die

[1] Slogan des Risorgimento; in etwa: «Italien kommt allein zurecht». Oder:
«Italien kümmert sich um sich.»
[2] 1834 gründete Mazzini die übernationale Bewegung «Junges Europa», in
der zunächst auch Polen vertreten war. Die Organisation «Junges Polen»
löste sich jedoch rasch auf. Auch zog Mazzini sich aus dem «Jungen Europa»
nach internen Auseinandersetzungen bereits 1835 wieder zurück. — Möglicherweise spielt Proudhon hier darauf an, dass Mazzini 1852 in London
aufgefordert wurde, den Plan eines nationalen Aufstands in Polen zu unter-
stützen (Marx deutet das an in einer Kolumne der «New-York Daily Tribune»
am 19. 10. 1852, geschrieben am 28. 09. 1852; MEW 8, S. 365). Die Bewegung
«Junges Europa» litt schon von Anfang an am nationalstaatlichen Egoismus
der beteiligten Organisationen. Eine internationale Solidarität kam nicht zu-
stande.

italienische Nation keine Bedingung für Unabhängigkeit und Regeneration ist, ist unbewiesen.»

Auf die Grundsatzfrage werde ich hier nicht eingehen. Sie ist zu ernst, als dass man sie beiläufig behandeln sollte, und ich bitte um die Erlaubnis, sie zurückzustellen. Ich werde an anderer Stelle aufzeigen, inwiefern das föderative Prinzip ebenso wie die kommunale Organisation eine Folge des noch wenig bekannten Prinzips der Gewaltenteilung ist, ohne das es keine Republik und nicht einmal eine konstitutionelle Monarchie gibt; das ist beweisbar; die heutige Demokratie scheint es freilich nicht zu wissen. Vorerst beschränke ich mich auf die praktische Frage der Einheit, wie sie vom Standpunkt Italiens aus zu betrachten ist, umso mehr, als Mazzini, Garibaldi und die französischen Neo-Jakobiner, die ihnen nachplappern, Republikaner bloß per Lippenbekenntnis sind und sich um die Prinzipien und um die Freiheit kaum kümmern.

Zwei Worte zur Geographie, und der Fall ist klar.

Italien ist von Natur und Aufbau her föderalistisch: Das war es in der Antike bis zur Eroberung durch die Römer; deren historischer Auftrag bestand bekanntlich nicht darin, Italien zu einer Einheit zusammenzuschmieden, vielmehr die damals bekannte Welt zu einem einzigen Gesetz und einer einzigen Religion zu bekehren. Nachdem dieses Ziel erreicht und das Westreich gestürzt ward, kehrte Italien zu seiner eigenen Natur, zu seinen eigenen Reizen, zum Gesetz seiner Interessen und seines Schicksals zurück. Der Grund für diese Rückkehr ist sozusagen mit dem bloßen Auge sichtbar.

Hauptsächlich besteht Italien aus: erstens einer langen, stiefelförmigen Halbinsel, welche im Nordwesten von dem offenen Kreis Alpenkette und auf den anderen Seiten durch das Meer begrenzt wird; und zweitens drei großen Inseln,

Sardinien, Korsika und Sizilien. Die Fläche des Bodens beträgt etwa 18 000 Quadratkilometer, von denen 14 600 auf das Festland, 1 600 auf Sardinien, 443 auf Korsika sowie 1 360 auf Sizilien entfallen. Die Gesamtbevölkerung zählt 25 Millionen Seelen; in der Lombardei ist die Bevölkerungsdichte höher, in Sardinien geringer.

Und was zunächst die Inseln betrifft, so frage ich, abgesehen von Frankreich, das sich Korsika einverleibt hat, worin liegt der Grund für ihre Einheit? Welches Argument bezüglich Vor- und Nachteilen, welcher Grund von Nachbarschaft, von gegenseitiger Befruchtung, von territorialer Verbundenheit, von Solidarität der Kultur, der Industrie, der Administration, kann man anführen?

Die gleiche Beobachtung gilt für den Teil der Halbinsel. Es ist denkbar, dass das Becken des Po und seiner Nebenflüsse, die bemerkenswerteste und reichste aller Regionen Italiens, eine zusammenhängende politische Gruppierung bildet. Was aber hat dieses Becken mit dem des Tibers gemeinsam, der die Halbinsel schräg in der Mitte durchschneidet, und mit dem kompletten südöstlichen Teil, von den pontinischen Sümpfen bis Reggio und Tarent? Die gesamte Halbinsel, ausgehend von der großen Po-Ebene, die früher «Cisalpinisches Gallien» hieß und nicht einmal als Teil Italiens angesehen wurde, bildet eine Art Rinne, in ihrer Länge durch die Apennin-Kette geteilt, von deren Spitze aus rechts und links etliche unabhängige Täler sich wie Stufen erstrecken, die alle ins Meer auslaufen.

Hier ist die Einheit eine künstliche, willkürliche Sache, eine reine Erfindung der Politik, eine monarchische oder diktatorische Kombination, die nichts mit Freiheit gemein hat. Vor etlichen Jahren wiesen jene liberalen Kritiker, die dem Hause Neapel feindlich gesinnt waren, darauf hin, dass die Sizilianer die Neapolitaner nie haben leiden können:

Warum wollen wir, dass sie heute unter den Piemontesen leiden?

Die Willkür dieser Einigung wird noch deutlicher, betrachtet man die Hauptstadt des neuen Italiens: Rom.

Es bedarf keiner langen Nachforschung in Geschichte, Politik oder politischer Ökonomie, um den Grund für die Entstehung berühmter Hauptstädte wie Ninive, Babylon, Memphis oder wie Kairo, Korinth, Paris, London, Wien, Moskau, Lissabon, Pavia und Mailand zu finden. Sehen wir uns einfach die Karte an. Rom selbst, ich spreche hier vom antiken Rom, das am unteren Tiber liegt und dieses ganze wichtige Tal beherrscht, hatte seine Daseinsberechtigung als Hauptstadt der lateinischen Republik. Aber sobald Rom die Welt erobert hatte, neigte es zum Untergang — seine Triumphe, seine Spiele, seine Denkmäler, sein Senat waren nutzlos. Die Regierung, die dem Kaiser folgen musste, hatte ihren Sitz überall: in Alexandria, in Nicomedia, in Konstantinopel, in Trier, in Paris, in Ravenna; der Titel der Hauptstadt war für Rom nur noch ein Ehrentitel. Die Jahrhunderte und die Revolutionen ließen diese Sachlage unverändert. Und was bitte ist Rom heute? Ein Museum, eine Kirche, nichts weiter. Als Geschäfts-, Handels- und Industriezentrum, als strategischer Punkt, als Einfluss auf die Bevölkerung — nichts. Rom lebt von den Ausländern, das heißt, wie der Ökonom Blanqui sagte,[1] von Almosen des Christentums. Nimmt man die Priester weg, ist sie die

---

1 Adolphe Blanqui (1798-1854). Proudhon setzt «Ökonom» hinzu, um ihn von dessen Bruder, dem kommunistischen Verschwörer Louis-Auguste Blanqui (1805-1882), zu differenzieren. — Dass Proudhon Verschwörung als revolutionäres Instrument ablehnte, macht er in seiner Mazzini-Kritik deutlich; seine Abscheu gegen jede Art der Diktatur wird deutlich in seiner Verachtung, die er wieder und wieder gegen die Jakobiner schleudert. — Im *Brief* von 1872 nach Mazzinis Tod stellt auch Bakunin klar heraus, dass Verschwörungen sowie individueller Terror keine angemessenen revolutionären Aktionen seien.

langweiligste und wertloseste Stadt Italiens und der Welt, eine Nekropole.

Aber ich höre. «Für ein einheitliches Italien setzen wir auf das Rom mit seinem päpstlichen Prestige; wir wollen das Papsttum, freilich angepasst an die konstitutionelle Mode. Italien ist weiterhin ganz päpstlich, was auch immer man sagen mag, und die Sarkasmen von Garibaldi und Mazzini gegen die Priesterschaft ändern nichts an dieser Tatsache. Durch die Unterordnung des Papsttums unter die neue Ordnung der Dinge erhält Italien die Vormachtstellung in der katholischen Welt zurück und verdrängt Frankreich und Österreich, die fortan nur noch Satelliten des großen römischen und christlichen Planeten sind. Rom ist die Einheit; ihm folgen dann Venedig, Tessin, Korsika, Nizza, Illyrien. Um diese große Restauration zu vollenden, müsste man bloß ein Wort ändern: Statt Viktor-Emanuel ‹König› zu nennen, sollte er ‹Kaiser› heißen. Damit wäre Italien, mehr denn je, päpstlich und kaiserlich, auf dem Höhepunkt seiner Träume; es hätte, wie Mazzini sagt, das Apostolat Europas wieder aufgenommen, und Garibaldi würde das Versprechen einlösen, das er den französischen Demokraten, seinen Freunden, gegeben hatte, Frankreich von seiner Tyrannei zu befreien und es zu erneuern!»

Ist das genug des Wahnsinns fetter Beute? Was? Sie glauben an das Erwachen eines Volkes, dessen alleiniges politisches Wissen darin besteht, über die Geschichte der Vergangenheit zu grübeln; das vom neuen Jahrhundert nichts versteht: das nicht einmal mehr die Instinkte hat, die ihm seine geographische Lage suggerieren sollte; das die Enteignung des Heiligen Vaters nur fordert, um ganz Italien zu einem halb-imperialen und halb-päpstlichen Staat umzumodeln; das sich im Stadium der mittelalterlichen Streitigkeiten zwischen Kaiser- und Papsttreuen befindet; das am Vorabend der Schlacht von Aspromonte an ein abgekartetes Spiel von Viktor-Emanuel und Garibaldi glaubte und darüber vergaß, dass Könige eifersüchtig sind und Garibaldi, der die Rolle Wallensteins wiederholt, wie Wallenstein[1] enden würde? Man hat bei dem letzten Aufschrei des Generals, der Abgeordneten, der Magistrate, der Beamten, der öffentlichen Bediensteten, der Studenten, der Bürger, der Arbeiter in Genua, in Mailand, in Florenz, in Neapel, in Palermo gesehen, wie es bereit war, von der Fahne Viktor-Emanuels zu gehen, wie es diejenige ihrer Fürsten und die von König Franz II[2] verriet, und dennoch glauben Sie an die Beständigkeit dieses Volkes, an seine Nationalität! Sie glauben an die vernünftige Zivilisiertheit sizilianischer Dolche, trasteveriner[3] Messer, orsinischer[4] Bomben, garibaldischer Bajonette!

Nun, ich wiederhole: Was Italien will, was es fordert und was es bekommen wird, ist eine eiserne Hand, die es geißelt, sei es die eines Habsburgers, eines Bonaparte, eines Prinzen von Savoyen oder eines Garibaldi.[5] Sein Schicksal, sofern es außerhalb der Revolution gesucht wird, steht fest: eine Kombination aus Prätorianer, Ausbeuter und Priester;[6] ohne eine solche eiserne Hand fällt ein zerstückeltes Italien zurück in die Hände von Fremden.

[1] Wallenstein (1583-1634), im 30jährigen Krieg Feldherr der katholischen Liga. Dann in Ungnade gefallen und von kaiserlichen Häschern getötet.
[2] Hier wieder der von Sizilien (S. 39, Fn. 4).
[3] Trastevere (trans Tiberim). Ein heute hipper Stadtteil Roms. 1849 Hochburg der Revolte gegen das Papsttum. Möglicherweise ist diese Bemerkung Proudhons eine versteckte Andeutung seines Antisemitismus: Der Stadtteil war damals stark jüdisch geprägt.
[4] Felice Orsini (1819-1858), 1858 gescheitertes Bombenattentat auf den Kaiser Napoléon III, aber mit vielen unbeteiligten Opfern.
[5] Nachdem Proudhon eingangs beteuerte, der Charakter Garibaldis sei über jeden Zweifel erhaben (siehe S. 75), diese Invektive ...
[6] Die Kennzeichnung von Garibaldi als «Priester» war bei Garibaldis ausgeprägtem Antiklerikalismus eine besondere Beleidigung.

Rassen[1] bestehen fort, aber Nationen leben nicht wieder auf: Ich glaube nicht an die Wiederauferstehung Italiens, genauso wenig wie der verstorbene Metternich,[2] genauso wenig wie ich an die Wiederauferstehung Ungarns oder die Polens glaube.

IV

Wenden wir uns nun der französischen Sichtweise zu, die mit der europäischen Sichtweise eng verbunden ist.

Ich verstehe sehr gut die Beharrlichkeit, mit der England die Bildung der Einheit Italiens verfolgt, und ich werfe ihm das nicht vor; ich verstehe auch, dass die Franzosen, die Belgier, die Österreicher und sogar die Russen dieser Politik Beifall zollen, und ich werfe ihnen das nicht vor. Ein jedes Volk hat das Recht, das zu suchen, was seinen Interessen am besten dient. Frankreich ist Europas stärkste Militärmacht. Die geostrategische Lage begünstigte es und es beunruhigt die Nachbarn durch den Fortschritt seiner Waffen und den Einfluss seiner Politik. Weswegen sollte es ihnen zum Verbrechen gereichen, Frankreich zu schwächen und mit einem eisernen Ring zu umgeben? Was ich nicht verstehe, ist die Haltung der französischen Presse, die von ihren ultramontanen[3] Sympathien beherrscht wird.

Es ist offensichtlich, dass die Errichtung Italiens als Einheitsstaat mit einer Armee von 300 000 Mann in jeder Hinsicht dem Französischen Reich ebenbürtig sein wird.[4]

1 Proudhon verwendet hier wie an den anderen Stellen des Textes den Begriff «race» im Sinne von «Volk»; dass er ihn nicht im biologistischen Sinne verwendet, beweist die Bezugnahme auf Herder (siehe S. 115, Fn. 2).
2 Klemens Metternich (1773-1859), führender österreichischer Politiker und als Konstrukteur der «Heiligen Allianz» zwischen Österreich, Preußen und Russland zentrale Figur der Restaurationszeit; 1849 schrieb er, «Italien ist [bloß] ein geographischer Begriff».
3 Jenseits der Berge (Alpen): Päpstlich ausgerichtet.
4 Was die faktische Militärmacht Italiens betrifft, so schwankte Proudhons

Politisch betrachtet wird die «amphiktyonische Liga»[1] Europas, die bisher aus den Vertretern von fünf Mächten bestand, um eine sechste Macht erweitert, deren Stimme natürlich gegen uns gerichtet sein wird. Wir sind Italien zu nahe, wir haben zu viel mit ihm gemeinsam, wir haben ihm zu große Dienste erwiesen, als dass es uns lieben könnte. Undankbarkeit ist in der Politik höchstes Recht und oberste Pflicht.

Aus Sicht der Strategie wird uns Italien — unterdessen Spanien uns von hinten bedroht, England, Belgien und Holland von vorne, Deutschland, Österreich und Russland von der Flanke her — die Hammelbeine langziehen und das Bajonett in den Bauch stoßen, die einzige Stelle, an der wir uns bisher sicher wähnen konnten. Die Koalition gegen Frankreich ist hiermit um ein Mitglied reicher. Verwandtschaft hilft nicht: Denken Sie an Joachim Murat und seine Frau Caroline.[2]

Gesellschaftlich, vom Standpunkt der Religion und der Ideen aus, verringert unser Einfluss sich einerseits durch all das, was uns an politischer und militärischer Macht verloren gehen wird; andererseits durch all jene Vorteile, die uns der Titel der ersten katholischen Macht und des Beschützers des Heiligen Stuhls sicherte — sei es, dass der

Einschätzung zwischen Extremen: Der hier ausgedrückten Furcht vor ihr sowie an anderen Stellen die Häme, Italien sei zu schwach, sich ohne die schützende Hand Frankreichs zu verteidigen (vgl. S. 77, Fn. 1), sei bankrott (vgl. S. 131, Fn. 3) und die Armee existiere nur auf dem Papier (vgl. S. 154, Fn. 1).

1 Antikes griechisches Bündnis benachbarter Länder.

2 Joachim Murat (1767-1815), vermählt mit Napoléons I Schwester Caroline Bonaparte (1782-1839); ab 1808 durch Napoléon als König in Neapel eingesetzt, agierte er meist mit, manchmal gegen Napoléon und wurde schließlich unter Ferdinand I hingerichtet. Als historisches Beispiel für Proudhons Aussage wäre Murats Geschichte allerdings nur stichhaltig, wenn es noch Napoléon I gewesen wäre, der ihn hätte hinrichten lassen; mit Ferdinand I waren schließlich weder er noch seine Frau verwandt.

Papst, seines Staats beraubt, sich auf die Seite von Viktor-Emanuel stellt, sei es, dass er Italien verlässt und ins Exil geht. Die Protestanten und die Anglikaner verstehen dies und lachen sich ins Fäustchen: Sie kämpfen nicht um des Ruhms einer theologischen These willen gegen die weltliche Macht und fordern, dass die Franzosen Rom räumen mögen. Zweifellos wäre das Übel aufgehoben, wenn die besagten Protestanten und Anglikaner auf ihre Propaganda verzichten würden; wenn die Staaten in der zivilisierten Welt sich bereit erklären würden, die Subventionierung der Kulte einzustellen, die Bistümer, Priesterseminare, Konsistorien, Kirchen und Tempel bis hin zu den Synagogen abzuschaffen. Aber so wird es nicht verstanden: Genau wie das vereinigte Italien das Papsttum erhalten will, streben die dissidenten Kirchen danach, die orthodoxe Kirche zu beerben: eine Klientel von 130 bis 150 Millionen Seelen, die sich ihnen hinzugesellen würden! Da nun die Mächte nicht bereit sind, die Kulte abzuschaffen, da der Stand der Zivilisation unter den verschiedenen Völkern ungleich ist, da die philosophische Moral nur einer kleinen Minderheit zugute kommt, da der politische Einfluss der Nationen auf der Überlegenheit ihrer Sitten und ihres Geistes beruht, ist das Ergebnis der italienischen Einheit für uns klar: Frankreich verliert die Vorherrschaft, welche seine militärische Stärke ihm sicherte, gibt gar die Autorität seines Glaubens auf, ohne sie durch jene von Ideen zu ersetzen. Frankreich ist eine Nation, die abdankt. Ist am Ende.

Was soll's? Man behauptet, solche Kritik begnüge sich nicht damit, die italienische Einheit bis zum Äußersten zu bekämpfen, man stelle sich mit ihr auch auf die Seite des Papsttums, gehe auf die Seite der Kleriker über!

Vielleicht: Worte machen mir keine Angst, ich warne Sie. Ich will vor allem richtig denken und mich auch nicht täuschen lassen. Die eine Sache ist es, wie ich es jeden Tag praktiziere, mittels Philosophie, politischer Ökonomie und Rechtswissenschaft, endlich mittels Revolution, die soziale Erneuerung voranzutreiben; eine andere Sache jedoch, zu untersuchen, wie ein Staatsmann zu einem gegebenen Zeitpunkt die Erhaltung seiner Regierung bewerkstelligt. Politik ist die Kunst, die Kräfte der Nationen zu lenken; und der Hypothese zufolge, von der ich spreche, sowie der Meinung aller interessierten Mächte zufolge ist Religion eine dieser Kräfte. Die Religion ist für die große Mehrheit der Sterblichen immer noch die Grundlage der Moral, die Festung des Gewissens. Jeder erkennt dies an; Mazzini und Garibaldi verkünden es selber. Von daher sage ich, für ein Staatsoberhaupt wäre es Verrat, eine der ihm anvertrauten Kräfte aufzugeben, bevor für Ersatz gesorgt ist. Es wäre wie jener General, der, als er von der Erfindung des Kolben-gewehrs und des gezogenen Laufs erfuhr, damit begann, alle seine alten Vorderlader zu zerschlagen, ohne darauf zu warten, bis genügend von diesen neue Waffen hergestellt worden sind. Ja, ich bin von Haus aus katholisch, klerikal, wenn Sie so wollen, denn Frankreich, mein Heimatland, hat noch nicht aufgehört, es zu sein, und die Engländer sind Anglikaner, die Preußen Protestanten, die Schweizer Calvinisten, die Amerikaner Unitarier, die Russen Griechen; und während unsere Missionare in Cochinchina[1] gemartert werden, verkaufen Engländer Bibeln und andere Handels-artikel dorthin.

Aus all diesen Erwägungen ergibt sich meiner Meinung nach, dass die französische Nation aufgrund des ganzen Durcheinanders in Italien und des Feldzugs von 1859, dessen Ausgang ich nicht bedaure, vor einem ungeheuren Scheitern steht; sie wurde sozusagen an den Abgrund ge-

1 (Süd-) Vietnam.

trieben aufgrund ihres eigenen Verfalls. Und obgleich ich die Gründe, welche die rivalisierenden Mächte zu diesem Vorgehen veranlassen, nachvollziehen kann, so fehlt mir doch das Verständnis für die Unterstützung, welche die französischen liberalen Journalisten dieser nicht wiedergutzumachenden Degradierung zuteil werden lassen; sie berauschen sich an der italienischen Narretei genau wie ihr die Sorglosigkeit gewisser Staaten beipflichtet, für deren Sicherheit ebenso wenig gebürgt ist.[1]

Die französische Armee wird Rom verlassen, so sei es; Österreich wird, halb willig, halb gezwungen, Venedig abtreten, so sei es: Die italienische Einheit wird vollendet, nehme ich an; die Sache ist erledigt. Glauben Sie denn, dass Frankreich, dass Österreich, dass beide, in diesem Fall in ihren Interessen vereint, sich ohne Entschädigung zurückziehen werden? Ein Idiot, der so denkt.

Mein Patriotismus ist weder bindend noch exklusiv; meine Hingabe an mein Land wird nie so weit gehen, dass ich ihm die Rechte der Menschheit opfern würde. Wenn die Regierung Frankreichs ein Unrecht an einem Volk begeht, trauere ich und protestiere, soweit es in meiner Macht steht; wenn Frankreich für die Untaten ihrer Führer bestraft wird, beuge ich das Haupt und sage aus tiefster Seele: «Merito hæc patimur.»[2] Brutus opferte, vielleicht ohne absolute Notwendigkeit, seine Kinder dem Land;[3] ich wäre ein Mann, der sein Land der Gerechtigkeit opfern würde,

1 Ein Hinweis wohl auf Belgien (vgl. S. 92ff).

2 «Das haben wir verdient zu leiden.» 1 Mose 42:21: «Das haben wir uns an unserm Bruder verschuldet, dass wir sahen die Angst seiner Seele, da er uns anflehte, und wir wollten ihn nicht erhören; darum kommt nun diese Trübsal über uns.» (In der Vulgata: «Et locuti sunt invicem *merito hæc patimur* quia peccavimus in fratrem nostrum videntes angustiam animæ illius cum deprecaretur nos et non audivimus idcirco venit super nos ista tribulatio.»)

3 Gemeint ist nicht der Cæsar-Attentäter Marcus Iunius Brutus, sondern dessen Vorfahr Lucius († um 509 v. Chr.), der am Sturz des Königtums in Rom

wenn ich gezwungen wäre, zwischen dem einen und dem anderen zu wählen.

Nachdem ich diese Erklärung abgegeben habe, frage ich mich um meines Gewissens willen: Womit und wie hätte Frankreich — unter den gegenwärtigen Umständen — die Schmach verdient, die ihm droht? Ist es ein Verbrechen, dass es den österreichischen Einfluss in Italien zurückdrängte und die seit vierhundert Jahren auf der Halbinsel herrschende Willkürherrschaft beendete? Weshalb hat Europa dies dann zugelassen? Weshalb hat die österreichfeindliche Meinung nicht bloß in Italien und Frankreich, vielmehr auch in England und Deutschland applaudiert? Weshalb hat Österreich nach der Niederlage unsere Arbeit sanktioniert, indem es die Institutionen, die es zuvor abgelehnt hatte, für sich übernahm?[1] Diese ganze Debatte ist überflüssig: Niemand in Europa würde es wagen, Frankreich das «Verbrechen» seines Verhaltens gegenüber dem italienischen Volk anzukreiden. Ich kehre zu meiner Frage also zurück: Weshalb sollte Frankreich sich täuschen lassen und Opfer seiner eigenen guten Tat werden?

«Desto schlimmer für Frankreich», heißt es, «wenn ein emanzipiertes, geeintes Italien ihm zum Ärgernis wird! Die Italiener haben das Recht, sich selber so zu organisieren, wie sie es für richtig halten, und Rom und Venedig gehören ihnen.» Aha!, desto schlimmer für Frankreich. Recht so: «Der Köhler ist Herr in der eigenen Hütte», dies Sprichwort

und der Einrichtung der Republik beteiligt war. Seine Söhne verschworen sich mit den Kräften, die das Königtum wiederherstellen wollten; der Vater ließ sie hinrichten und rettete damit die neu begründete Staatsform.

1 Nach der Niederlage von Solferino 1859 kam es in Österreich im Oktober 1860 zu einer Verfassungsreform mit Richtung auf Föderalismus («Oktoberdiplom»), das durch das «Februardiplom» 1861 jedoch wieder mit Richtung des Zentralismus korrigiert wurde. Die Liberalen Österreichs standen damals wohlgemerkt für Zentralismus ein. Was für ein Jammer, dass Liberale und Anarchisten damals nicht zusammen fanden.

kenne ich. Freilich kann Frankreich seine Dienstleistungen
an Bedingungen knüpfen: Das ist das ABC von Politik und
Handel. Ich gehe noch weiter und sage, da die erbrachten
Dienstleistungen Europas Zustimmung erhalten haben,
der Schuldner aber zahlungsunfähig ist, wird Europa zum
Bürgen für die Schuld und zum Gesamtschuldner. Nun,
dieses emanzipierte Italien von gestern ist noch nicht so
stark, dass es sich allein schützen kann. Sie wollen, dass die
französische Armee Rom lieber heute als morgen verlässt.
Einverstanden: Es ist aber klar, dass Frankreich dann die
Österreicher nicht daran hindern kann, wenn es diesen
einfällt, zurückzukehren: «Italia fara da se.» Es wäre zu viel
verlangt, dass wir, nachdem wir Italien geschaffen und es
gegen uns aufgerüstet haben, noch weiterhin Wache halten
müssten, um es zu verteidigen. Ich stimme zu, dass Frankreich von Italien nichts als Gegenleistung für seine Toten
von Solferino und Magenta verlangen sollte: Aber wie viel
für dieses Wachehalten?

Die Italiener begreifen das derart gut, dass sie die Antwort prompt selber geben. — «Die Nationalität des Einen»,
sagen sie sich, «geht nun mal auf Kosten der Nationalität
des Anderen, die Einheit wird durch Annexion erkauft. Der
Kaiser der Franzosen soll sich ruhig das linke Rheinufer
von Basel bis zum Meer aneignen, Frankreich zu seinen
‹natürlichen› Grenzen zurückkehren: Wir Italiener wollen
ihm dann hierbei eigens helfen. Mit diesen zusätzlichen
acht Millionen Seelen und sechstausend Quadratmeilen an
Territorium wird der Ausgleich geschaffen.»

Gerne würde ich wissen, was die belgische Demokratie,
die Garibaldis Idee so positiv gegenübersteht, von diesem
Entschädigungssystem hält. Ich habe bereits gehört, dass
manchmal im Namen von Italien, manchmal im Namen
von Polen vorgeschlagen wurde, Österreich im Austausch

gegen Venetien oder Galizien Serbien und Montenegro und gegebenenfalls auch Moldawien zu überlassen. Wer weiß, ob eine solche Möglichkeit nicht in Garibaldis Plänen vorgesehen war? Nichts ist so egoistisch wie Nationalismus, nichts ist so skrupellos wie die Leidenschaft der Einheit. In den letzten Jahren ist viel über die Anmaßung der Teilung Polens durch den Wiener Kongress 1815 gesagt worden; aber macht nur in Einheit und Nation, und ihr werdet sehen, wohin das führt. Lasst das italienische Reich sich vollenden, und bald werdet ihr Zeuge sein, dass die liberale und demokratische Presse Frankreichs sich umdreht und eine Annexion Belgiens in Erwägung zieht. Was werdet ihr antworten, ihr tapferen belgischen Journalisten, die ihr eure Kolumnen nur mit Pariser Aufschnitt zu füllen wisst, den ihr zwischen die zwei Klappen einer Stulle schreibt, wenn man euch bei eurer eigenen Argumentation ertappt und euch auffordert, der französischen Einheit das zuzugestehen, was ihr für Italiens Einheit so gut behaupten konntet? Ihr habt das Königreich Italien anerkannt, wird man euch sagen; habt euch also in gewissem Maße an es gebunden. Ihr habt durch eure Stimmen zur Einheit Italiens beigetragen und das Kabinett des französischen Kaisers in den Tuilerien,[1] soweit es in eurer Macht stand, dazu veranlasst. Nun, aus der italienischen Einheit folgt zwingend die Vollendung der französischen Einheit; und wenn ihr euch die Karte Europas vor Augen haltet und eure Finger auf die schwarze Linie legt, die von Basel nach Rotterdam führt, fügen wir hinzu: Die Einheit, hier verläuft sie!

Und seid versichert, man wird euch beweisen, dass die Einheit sowohl im Schicksal als auch in den Traditionen des

---

1 Palais des Tuileries, die Residenz vieler französischer Könige und Kaiser. Napoléon III weihte die endgültige Form ein, die 1871 während der Pariser Kommune durch Brandstiftung zerstört wurde.

belgischen Volkes begründet liegt; dass sie die Sehnsucht seines Herzens ist; dass seine wertvollsten Interessen auf dem Spiel stehen; dass ihr in Sachen Religion, Sprache und Sitten Franzosen seid, Franzosen der Seele nach; dass ihr seit Cæsar und bereits vor Cæsar der großen Nation angehört habt; dass das Königreich Belgien nur als Warteschleife gegründet wurde; und um euch zu überzeugen, wird man an euch appellieren. Um euch zu überzeugen, wird euch ein Appell an euch selber empfohlen, der in eine nationale Abstimmung unter dem Gesetz des allgemeinen Wahlrechts mündet. Ihr wisst, dass die Menge immer für denjenigen stimmt, der sie befragt. Dann werdet ihr sehen, mit welchem Eifer das französische Volk, das sich nicht schmälern lassen will und das im tiefsten Innern die Gerechtigkeit liebt, diese neue Gelegenheit ergreifen wird; mit welchem Enthusiasmus, mit welcher Wut eure glücklichen und ritterlichen Nachbarn, die ihr bereits wie eure eigenen Augäpfel hütet, den Gedanken an diese Annexion begrüßen werden als eine gerechte Entschädigung für all jene Opfer, die sie Italien dargebracht haben; mit welch einer Freude wird sich unsere tapfere Armee anbieten, das Dekret der Annexion auszuführen. Zweifellos wird die Sache nicht ohne Widerstand vonstatten gehen: Es wird zu Protesten und Ultimaten von rechts und links, Norden, Süden und Osten kommen; der Krieg wird allgemein werden, zumal Österreich den Umstand ausnutzen will, um wiederum nach Italien zu greifen; und ihr werdet in mitten des Getümmels stehen. Nichts freilich erschöpft sich rascher als Krieg: Am Ende wird man sich arrangieren. Wie immer werden die Starken auf Kosten der Schwachen zurechtkommen. Und ihr werdet, wenn auch etwas spät, lernen, dass die Logik unnachgiebig ist, sowie dass zwar die geschriebene Verfassungen nicht immer der Wahrheit entsprechen und demokratische Torheit manchmal internationale Verträge zunichte macht, das Gesetz des Ausgleichs aber vom Schicksal dekretiert wird.

Sprechen wir also unverblümt: Ist es eine gesunde und weitsichtige Politik, eine Macht wie Frankreich scheitern zu lassen? England kann dieses Spiel spielen, das Belgien genauso wenig liegt wie Deutschland. Es heißt: Rom gehört den Italienern. Ich antworte, dass Rom den Römern gehört, genau wie Neapel den Neapolitanern und genau wie Paris den Parisern; dass die Italiener, wie die Franzosen, eine Abstraktion sind; dass es zwar gegenwärtig eine große politische Agglomeration namens Frankreich gibt, dass dies aber keinen Grund abgibt, ihr ein Spiegelbild jenseits der Alpen zu schaffen; im Gegenteil.

Noch ein paar Worte zu den Schäden, die der Demokratie durch den Aufstieg des Jakobinismus und Mazzinismus in den letzten zehn Jahren zugefügt wurden, und ich bin mit meinem Thema durch.

1848 hatten die verschiedenen sozialistischen Schulen, obwohl sie miteinander heftig rangen, die Frage nicht bloß für Frankreich, vielmehr für ganz Europa auf den Punkt gebracht: wirtschaftliche und soziale Reformen, Garantie der Arbeit, Zähmung der wirtschaftlichen Interessen, bessere Verteilung des Reichtums, Volksbildung und kommunale Organisation, mit anderen Worten: Dezentralisierung der Verwaltung, Erneuerung der Sitten.

Da die Probleme neu waren, fand man nicht sofort eine Lösung: Zumindest hatte die sozialistische Demokratie die allgemeine Aufmerksamkeit erzwungen; die alte Politik wurde in den Hintergrund gedrängt — und das war schon ein immenser Fortschritt.

Unserer Meinung nach wurde bewiesen, und was in den letzten zehn Jahren erreicht wurde, hat diese Wahrheit nur noch deutlicher gemacht, nämlich dass der politische Aufschwung durch die Französischen Revolution von 1789 erschöpft war; dass die französische Gesellschaft, die kurz davor stand, in sich zusammenzufallen und in eine Periode der Dekadenz einzutreten, aus ihrem bisherigen Trott herausgerissen werden musste; dass man jede Bewegung außerhalb der vom Sozialismus vorgegebenen Linie steril und rückschrittlich nennen musste; dass die Fragen der Dynastie, der Staatsform, der Nationalität, der Grenzen, der Vorherrschaft von Stund' an zweitrangig waren; dass Diplomatie und Militarismus ausgedient hatten, und dass die von der Last der Ereignisse erdrückte Religion selber, wenn nicht die Ersetzung durch ein neues Prinzip, so doch zumindest eine völlige Umgestaltung verlangte.

Das waren unsere Gedanken im Jahr 1848: Wir wissen, wie sie aufgenommen wurden. Die erbittertsten unserer Gegner waren die Epimeniden[1] von 1793, deren Einfluss, nachdem sie die Provisorische Regierung in die Irre geführt, Deutschland in Unruhe versetzt, Ungarn verwüstet, sich ein Italien herbei phantasiert und eine schreckliche Reaktion in ganz Europa ausgelöst hatten, soeben in der Person Garibaldis wiedergeboren wurde. Der Staatsstreich Robespierres vom 2. Dezember 1793 erstickte die Stimme des Sozialismus im Keim: Er überließ das Feld einerseits den Organen des Konservatismus und andererseits den so genannten jakobinischen Republikanern. Vor allem dank

1 Epimenides (um das 6. Jh. v. Chr.), mythischer kretischer Philosoph, der (wie der biblische Jeremias) Unheil voraussah und für dessen Heilung zur Reinigung aufrief. Um ihn ranken sich auch Legenden von Wiedergeburt. Proudhon belegt hier die politischen Wiedergänger der Jakobiner und ihres Tugendterrors mit diesem Ausdruck: die Staatssozialisten, in diesem Falle vornehmlich die Italiens.

der letzteren konnte die kaiserliche Regierung ihren Unterfangen freien Lauf lassen: Jede Opposition, die von den Anhängern des Hauses Orléans, der Verfassung oder des Papstes ausging, wurde für «unpopulär» und damit «verdächtig» erklärt. Nur die angeblich unabhängigen demokratischen Zeitungen hätten eine nützliche Opposition bilden können; nur sie hätten Ratschläge geben können, die Gehör gefunden hätten: Die Hälfte der Verantwortung für alle Handlungen der Regierung kann man ihnen zuschreiben. Ich möchte diese Handlungen im Moment nicht kritisieren, ich werde sie nicht einmal aufzählen. Bloß ein Wort werde ich sagen: Stimmt es, ja oder nein, dass die Lage Frankreichs im Inneren und Äußeren heute weniger gut ist als 1848? Die kaiserliche Regierung hat Immenses geleistet, diesen Ausdruck darf ich mir im Anschluss an all die Zeitungen wohl erlauben.[1] Was hiervon ist heute noch übrig?

Der Krim-Krieg[2] kam Russland zugute, das sich durch ihn regenerierte; der Lombardei-Krieg[3] stellte das österreichische Reich auf einer besseren Grundlage wieder her; die italienische Einheit war für die Italiener bislang nichts als eine Ursache von Durcheinander, Plünderungen und Massakern sowie für uns selber eine Ursache von Rückschlägen. Und welche Schwierigkeiten, welche Gefahren drohen uns nicht immer noch! In der Zwischenzeit verblödet die französische Nation in ihrem Industrialismus;

1 Die Ironie dieser Aussage lässt sich ermessen, wenn man bedenkt, dass Proudhon aufgrund der Nachstellungen durch die kaiserliche Regierung sich im belgischen Exil aufhielt. 1863 allerdings durfte er zurückkehren.
2 1853 bis 1856 zwischen Russland auf der einen sowie dem Osmanischen Reich plus dessen Verbündeten Frankreich, England und Sardinien auf der anderen Seite. Obwohl die Alliierten siegten, setzte bei ihnen ein Zerfall ein, in Russland dagegen kam es zu Modernisierungsanstrengungen.
3 Sardinischer Krieg (sonst wird in den vorliegenden Texten auf ihn mit Bezug zur Entscheidungsschlacht von Solferino referiert).

diese Politik der Demagogie nimmt ihr den Schneid [so wie der Staatshaushalt sie verarmt].[1] — Unsere Dekadenz ist offenkundig, und das Erschreckende ist, dass das Krebsgeschwür, das in uns wächst, sich überall ausbreitet und Europa infiziert. Wenn Frankreich, das von allen Nationen 1848 sicherlich am weitesten fortgeschritten war, Fackelträgerin des Fortschritts, durch den Geist der Reaktion, der es ergriffen hat, zu einer Brutstätte der Auflösung geworden ist,[2] folgen ihm die anderen Nationen im Verhältnis zur Entwicklung, die jede von ihnen erreicht hat. Doch wer trägt die Schuld an all dem Übel? Ich sage es kühn; jene, die sprechen konnten und nicht wussten, wie man spricht; jene, die, obwohl sie die Fähigkeit hatten zu kämpfen und so das gemeinsame Leben zu erhalten, ihre Sache verrieten und dem Feind Boden gaben; jene, die, obwohl sie in der Lage waren, Ratschläge zu erteilen, auf die man hörte, nur wussten, wie man die schlechtesten Instinkte der Heimat hegt, der Macht schmeichelt und sie[3] ruiniert.

Jetzt müssen wir zum Schluss kommen. Die gesamte so genannte liberale und demokratische Presse Frankreichs schreit nach dem Abzug der französischen Truppen aus Rom. Garibaldis Niederlage müsse der Anlass sein, seine Forderungen um so rascher zu erfüllen. Damit gibt die französische Presse nur den Wunsch wieder, der von der belgischen, deutschen und englischen Presse allgemein geäußert wurde. Als Freund des Kaisers geht man so weit,

---

1 Der Teilsatz in eckigen Klammern fiel beim Druck von «La Fédération et l'Unité de Italie», *Paris* 1862, der Selbstzensur zum Opfer, ist aber enthalten im Separatdruck «Garibaldi et l'Unité de Italie», *Brüssel* 1862.

2 Der «Geist der Reaktion» und die «Brutstätte der Auflösung» bezieht sich auf genau die kaiserliche Regierung, der Proudhon eben — scheinbar? — bescheinigte, Immenses geleistet zu haben.

3 Dieses *sie* lässt sich auch im französischen Original entweder auf «Heimat» oder negativ-dialektisch auf «Macht» beziehen.

dem Kaiser zu verstehen zu geben, andernfalls stehe seine Sicherheit auf dem Spiel.

Wie alle anderen weiß ich nicht, auf welche Seite der Kaiser der Franzosen sich schlagen wird. Aber ich denke, ein Dilemma türme sich aufs nächste.

Entweder: Napoléon III reagiert — getreu dem Prinzip seiner kaiserlichen Institution, dem militärischen Geist seiner Regierung sowie der Präzedenzfälle von 1849 und 1852 — mit einer energischen, deutlich artikulierten Ablehnung der in Drohungen ausartenden Bitten zugunsten der Einheit Italiens. Viktor-Emanuel, dem er bereits zu viele Zugeständnisse gemacht hat, signalisiert er ein für alle Mal seine Absicht, in Rom zu bleiben, die päpstliche Herrschaft aufrecht zu erhalten und sogar beim ersten Aufruhr das Königreich Neapel zu besetzen, um darüber zu verfügen, wie es ihm recht zu sein scheint. In diesem Fall weiß die sozialistische Demokratie, woran sie ist. Nach wie vor steht sie außerhalb dieses Systems bürgerlicher und klerikaler Konservierung, weit entfernt vom Militarismus, ihrem Antipoden. Zumindest wird sie der kaiserlichen Regierung dafür dankbar sein, dass sie endlich jeder Zweideutigkeit entsagt, und wird ihr für diesen Akt energischer Offenheit ihre Wertschätzung nicht verweigern.

Oder: Napoléon III gibt dem Druck der Parteien und des Auslands nach; [belagert von würdelosem Schrecken][1] vergisst er, dass in einer Zeit wie der unseren Kugel und Dolch täglich Brot eines Staatsoberhauptes wie der Soldaten sind, und zieht seine Truppen aus Rom zurück; überlässt das Papsttum sowie ganz Italien sich selber. In diesem Fall wäre das Folgende die Rede, welche ich die Ehre habe, an Seine Majestät zu richten.

[1] Zensierter Teilsatz in der französischen Ausgabe, vgl. S. 98, Fn. 1. — Beim Kaiser einen *würdelosen* Schrecken zu diagnostizieren, das ging zu weit.

«[Die Freiheit habt Ihr uns genommen, weil Ihr sagtet, wir seien nicht reif für sie; dafür habt Ihr uns Ruhm versprochen: Und daran hapert's doch arg. Wir sind arm, Sire, kauen auf unseren alten Lorbeeren herum und machen uns klein vor den Fremden. Doch wir haben Euch weder unsere Schätze noch unser Blut verweigert; unsere Soldaten, sie zeigten sich ihrer Väter würdig, und nie waren die Militärausgaben höher als heute. Aber was kann Tapferkeit gegen Zahlen ausrichten? Was nützt der gute Wille, wenn er nur Elend als Pfand hat? Wir haben keine Verbündeten; unsere Siege haben uns nur Feinde und Rivalen beschert, und wir zehren unser Kapital auf.][1] Genug davon, wir haben für die Idee gekämpft; es ist an der Zeit, dass wir über unser Schicksal nachdenken. Ihr habt Savoyen an Frankreich angegliedert: genauso könntet Ihr sagen, Frankreich sei an Savoyen angegliedert worden. Bald werden wir Mexiko haben: das wäre ja schon mal was, vorausgesetzt, dass Ihr dieses riesige Reich nicht irgendeinem Erzherzog oder Vetter schenkt; vorausgesetzt, dass Mexiko, mit Frankreich vereinigt, nicht ein zweites Algerien wird, das Jahr für Jahr zwanzigtausend Mann und hundert Millionen Francs kostet. Aber, Sire, was nützen diese ebenso unfruchtbaren wie kostspieligen Eroberungen in der anderen Hemisphäre? Könnt Ihr denn etwa nicht in Europa einen

[1] In eckigen Klammern eine Selbstzensur des französischen Herausgebers. Seine Fußnote zur Erläuterung: «In dieser Passage behauptet der Autor, der sich an den Kaiser selber wendet, Napoléon III sei, nachdem die Institutionen des Kaiserreichs an die Stelle derjenigen von 1848 und 1830 getreten waren, in gewisser Weise *ipso facto* eine Verpflichtung gegenüber Frankreich eingegangen, um ihm in Ruhm und Reichtum abzugelten, was es an politischer Freiheit verloren habe; dass aber bis jetzt, vor allem dank der Vorkommnisse in Italien, diese Hoffnungen noch nicht in Erfüllung gegangen seien: Leider ließ uns die Kühnheit der Form befürchten, die französische Bosheit werde in ähnliche Missverständnisse verfallen, wie es die belgische Naivität tat.» Wiederherstellung aus der belgischen Ausgabe, vgl. S. 98, Fn. 1.

Quadratzentimeter Land finden, der uns etwas zurückerstattet? Was die Eroberungen betrifft, so wünschen wir uns ein Land in unserer Reichweite, das reich an Menschen und Produkten ist, dessen über einen langen Zeitraum angesammelter Reichtum unserer Bedürftigkeit zu Hilfe kommt, dessen Wehrpflichtige unsere ablösen können. ‹Wagt es, Sire›, wie Mazzini zu Viktor-Emanuel sagte; wagt es, und der Rhein, Luxemburg, Belgien, Holland, das ganze teutonische Frankreich, das alte Erbe Karls des Großen, gehört Euch. Das alles gebührt Euch aus kaiserlichem Recht und als Entschädigung für das, was Ihr soeben auf Wunsch Europas für Italien getan habt. Wer würde Euch schon widerstehen? Der Rhein ist seit Boileau[1] kein Feind des französischen Idioms mehr; der deutsche Rhein versteht nichts von der Politik des preußischen Königs, noch von den Diskussionen des Deutschen Bundes. Belgien erwartet Euch, glaubt mir: Dort, wie bei uns, und noch mehr als bei uns, fastet und träumt das Volk, die Bourgeoisie verdaut und schnarcht, die Jugend raucht und hurt, das Militär langweilt sich zu Tode, die Meinungen bleiben blutleer und das politische Leben ist erloschen. Der Kaufmann und der Industrielle haben bereits ausgerechnet, was sie durch den Anschluss an Frankreich gewinnen würden; der Arbeiter wird leicht an eine Lohnerhöhung glauben; der Klerus wird

1 Nicolas Boileau Despréaux (1636-1711). In einem Gedicht lässt er den Rhein die Größe König Ludwig XIV anlässlich dessen (kriegerischer) Überquerung 1672 bezeugen, nachdem dieser den sich verzweifelt wehrenden Strom bezwungen hat. Interessanterweise findet man in Deutsch nicht viel zu Boileau, kanonisiert als französischer Klassiker, und insbesondere kaum etwas zu seinem Gedicht «Passage du Rhin». Bei einem möglichen Anschluss des Rheinlands an Frankreich oder Süddeutschlands Konföderation mit der Schweiz (vgl. S. 62, Fn. 3) vor Installierung des Deutschen Kaiserreichs 1871 kann man schon ein wenig in der Träumerei eines alternativen Geschichtsverlaufs versinken und spekulieren, welche Katastrophen der Menschheit erspart hätten werden können.

sich nicht darüber aufregen, dass Ihr ihn von dem Geschrei der Liberalen befreit; die Abgeordneten usw. usf. — welche Entschlossenheit könnt Ihr von Männern befürchten, die sechs Wochen lang über eine Lappalie wie von in heiligem Boden begrabenen Ungläubigen streiten?[1] Die Mauern Antwerpens werden beim Klang Eurer Trompeten fallen; das zu den Niederlanden strebende Flandern wird über die für seine Sezession eröffnete Chance entzückt sein. Müsst Ihr England fürchten? Also!, fürchtet lieber den Pauperismus, der uns auffrisst, [die Wut, die im Herzen kocht,][2] fürchtet lieber die Revolution. Vielleicht wäre es besser, nützlicher, moralischer und dem Geist des Jahrhunderts entsprechender, Euch und Frankreichs würdiger, nachdem Ihr Italien gegenüber so viel Uneigennützigkeit bewiesen habt, Eure Großzügigkeit zu nutzen, indem Ihr Europa das Signal zur Abrüstung gebt und versucht, durch eine Politik der Arbeit, der Gerechtigkeit und der sozialen Erneuerung die Vorherrschaft zurückzugewinnen, welche uns entgeht. Ein solcher Ruhm wäre besser als jeder andere; die Entscheidung liegt bei Euch, Kaiser. Ihr werdet der Alternative aber nicht entkommen: Ruhm, Sire, oder Freiheit!»

***

Die Erregung, die dieser zweite Artikel in Belgien auslöste, war außerordentlich: Bald geriet sie durch die Beimischung von Bosheit — ich weiß nicht, welcher geheime Einfluss die Geister dazu antrieb — zu einem regelrechten Aufruhr. Zunächst einmal hatte ich ein verehrtes Idol zerbrochen. Die

1 Parlamentarische Debatte der Profanisierung des Friedhofs in Uccle 1862. In einem späteren Kommentar höhnte Proudhon: «Sie haben in dieser lächerlichen Angelegenheit [...] weder gesetzgeberische Weisheit, noch christliche Nächstenliebe, noch liberalen Geist gezeigt.»
2 In eckigen Klammern eine Selbstzensur des französischen Herausgebers.

102

Belgier, die sich zu gut kennen, um einander zu verehren, neigen dazu, vor fremden Göttern den Kopf zu verneigen. Im Moment ist Garibaldi einer dieser Götter. Dann wurde meine Argumentation gegen Garibaldi gleichgesetzt mit der Hypothese eines Anschlusses Belgiens an Frankreich als einer vorhersehbaren Folge der Einigung Italiens. Nun ist diese Idee der Annexion, die 1830 und 1832 niemanden erschreckte, in den letzten Jahren für die Belgier zu einer Art Medusa geworden, deren Name allein sie bereits entsetzt. Als sie mich von Annexion sprechen hörten, folgten sie nicht mehr der Argumentation, sondern sahen bloß noch die fixe Idee; und was ich in vorausschauender Form als mögliches, ja wahrscheinliches Ergebnis der Hingabe der Belgier an die Idee Garibaldis, folglich als Absurdität des Projekts einer Einheit Italiens dargestellt hatte, wurde für bare Münze genommen und als förmliche Einladung an den Kaiser betrachtet. Nichtmal die Briganten von 1789, die in die Provinzen geschickt wurden, um die Ernten zu vernichten,[1] haben einen solchen Schrecken verbreitet. Schließlich hatte ich in die vermeintlich annexionistische Tirade einige kritische Zeilen gegen die Presse des Landes gemischt, die an die Belgier selbst gerichtet waren. Unter dem Deckmantel des Spottes, der sicherlich ganz harmlos war, gab ich ihnen eine Warnung anderer Art, für die sie dankbar gewesen wären, hätte nicht die Projektion unter diesen Umständen über das Urteilsvermögen gesiegt. Die Berechtigung der Kritik ließ die Leute glauben, das ganze Drum und Dran sei ernst gemeint; und so wurde ich von vierzig Zeitungen in Belgien als Geheimagent des Kaisers

1 1789 kam es unter der Landbevölkerung von Vendée zu einem Aufstand gegen die Revolution, der in einer Weise niedergeschlagen wurde, wie dann später Stalin den Widerstand der ukrainischen Bauern mit dem Holodomor erstickte. Die Truppen der Ersten Republik («le brigands») zogen mordend, plündernd und die Ernte vernichtend durchs Land.

denunziert, der sich in Brüssel aufhalte, um die Annexion vorzubereiten.

Es bleibt allerdings festzuhalten, dass die intelligenten Menschen, die in Belgien ebenso zahlreich sind wie anderswo, sich von dieser seltsamen Halluzination nicht täuschen ließen und dass es nicht an Sympathiebekundungen und Hilfsangeboten mangelte. Mir war zwischen Lachen und Zähneknirschen zumute. Während die liberale Presse, die es sich, von wenigen Ausnahmen abgesehen, zur Aufgabe gemacht zu haben scheint, die Massen zu chloroformieren, sich mir gegenüber so töricht wie empört zeigte, prangerte die katholische Presse — mit der ich gar nichts gemeinsam habe ausgenommen den Bereich der moralischen Ideen, in welchem wir freilich eher polare Gegensätze vertreten — meinen «Etikettenschwindel» an.

ITALIEN 1864

König Viktor-Emanuel II
photographiert von Disdéri, ca. 1861
gemeinfrei (wikimedia)

Kaiser Napoléon III
photographiert von Mayer & Pierson, ca. 1860
gemeinfrei (Welcome Trust)

An den Herrn Chefredakteur des «Messager de Paris»
Paris, den 10. Dezember 1864[1]

Herr Redakteur,

gestatten Sie mir, da es einigen Journalisten, von denen ich nur Herrn de Girardin[2] zitieren möchte, gefallen hat, im Zusammenhang mit der italienischen Einheit mir die Ablehnung der liberalen Meinung anzukreiden, meinerseits ein paar Worte der Rechtfertigung in die Unparteilichkeit Ihrer Kolumnen zu werfen? Ihre Gefälligkeit werde ich nicht ausnutzen. Und vor allem, ich bedaure das, aber ich muss es sagen, dass ich keine Lust habe, mich in irgendeiner Frage auf eine Polemik mit Herrn de Girardin einzulassen. Weder meine Zeit noch meine Kraft erlauben es mir, dies zu tun. Und wenn ich es könnte, würde ich es nicht tun wollen. Mehr als einmal in den letzten Jahren richtete ich an Herrn de Girardin das, was ein Fechtmeister wohl als Herausforderung zum Kampf bezeichnen würde: Er aber antwortete nicht. Mit mehreren meiner Freunde machte ich ihm Vorhaltungen, er würde seine Zeitung dazu missbrauchen, politischen Gegnern zu schaden, die über kein Organ verfügen. Keine Reaktion. Herr de Girardin gewährt seinen eigenen Leuten und nach seinem eigenen

---

1 Am 19. Januar 1865 starb Proudhon an den Spätfolgen seiner Cholera-Erkrankung von 1854. Es handelt sich also bei dem folgenden Brief um das Vermächtnis, das politische Testament Proudhons. Dass Proudhon 1863 aus dem belgischen Exil nach Frankreich zurückkehren konnte und der vorliegende Essay im Gegensatz zu den vorangegangenen unzensiert veröffentlich wurde, zeigt, dass unter Napoléon III in den dazwischen liegenden zwei Jahren eine Liberalisierung stattgefunden hatte.
2 Émile de Girardin (1806-1881). Zeitungsverleger, politischer Journalist. Mal Liberaler. Mal Sozialist. Meist kaisertreuer Propagandist. Die Zeitung «La Presse» gründete er 1836.

Gusto die Öffentlichkeit von «La Presse», ohne zu kapieren, dass das nicht viel bedeutet. Ich weiß nicht, inwieweit es zulässig ist, die Meinung von Herrn de Girardin über die italienische Einheit ernst zu nehmen, und später werde ich begründen, warum. Und schließlich möchte ich noch hinzufügen, dass ich jede Ursache habe zu der Annahme, Herr de Girardin werde nach Lektüre dieser Zeilen von einer Entgegnung absehen. Sie aber, Herr Redakteur, Sie werden mir zustimmen, dass es mehr Gründe dafür gibt, als man braucht, um auf Polemik zu verzichtet, wenn man es tapfer unternimmt, eine seit langem gereifte Meinung gegenüber Herrn de Girardin und anderen — seinen Kumpels — ein für alle Mal zu rechtfertigen.

Herr de Girardin nennt einen Artikel, den ich vor fast zwei Jahren gegen die Einigung Italiens verfasste, einen «Witz». Andere beschuldigen mich mit noch größerer Gereiztheit als Herr de Girardin der «Clownerie». Auf meine Argumente antwortete: Niemand; weder in «La Presse», noch in «L'Opinion nationale», noch in «Le Charivari», noch in «Le Temps», noch in «Le Siècle» dachte jemals einer daran. Nach dem Gesetz von 1852[1] ist die so genannte unabhängige Presse in Frankreich abgewürgt: So versteht und praktiziert man die Freiheit. Gestatten Sie mir, dass ich den Herren de Girardin und seinesgleichen, die zweifellos nichts als die Wahrheit suchen, zu dem ernsten Thema eines vereinten Italiens einige ganz einfache Fragen stelle, um deren Beantwortung ihre politische Wissenschaft, so denke ich, nicht verlegen sein wird. Wenn sie sie so lösen, wie man es von ehrenwerten Publizisten erwarten darf, erweisen sie der Sache, die sie verteidigen, einen großen Dienst, und ich verspreche, mich meinerseits zur Einheit

---

1 Gemeint ist der Staatsstreich von Napoléon III (der gewählte Präsident ernennt sich zum Kaiser) und die Wiedereinführung der Zensur.

zu bekehren. Wenn diese Herren aber, wie es allzu oft vorkommt, nur zicken und um den heißen Brei herumreden, werden sie sich damit abfinden müssen, dass ich mich an meinen «Witz» halte.

Herr de Girardin und seine Kumpels gefallen sich darin, die Politik aus der Vogelperspektive zu betrachten. Nichts reicht an die Geschmeidigkeit und die Erhabenheit ihrer Ausführungen heran. Die schärfsten, unversöhnlichsten Unterschiede in Bezug auf Territorium, Rasse,[1] Tradition und Interesse erscheinen ihnen von der Höhe aus, in der sie sich befinden, wie jene unentschlossenen Schatten, die man auf der Mondkugel sieht. So macht ihnen nichts Mühe; sie teilen Staaten oder Regionen ein, sie parken die Völker, sie schreiben Verfassungen, ganz nach Belieben. Wenn sie gewollt hätten, wäre es ihnen ebenso wenig peinlich gewesen, Italien zu einer konföderierten Republik zu erklären, wie sie es zu einer Einheitsmonarchie ausgerufen haben: So führen diese Genies die Staatsgeschäfte! Ich bin eher bodenständig, und deshalb konnte ich dem Herrn de Girardin nie zustimmen.

Politik, eine Kunst oder Wissenschaft, deren Definition ich anderen überlasse, besteht meiner Meinung nach aus den fünf Hauptelementen: 1. Geographie, 2. Ethnographie, 3. Geschichte, 4. politische Ökonomie und 5. Völkerrecht. Das bedeutet, dass man, um eine gute Politik zu betreiben, stets die Beschaffenheit des Territoriums, dessen Rechte und Pflichten, das Klima, den Charakter der Bewohner, ihre Vergangenheit, den Stand ihrer Zivilisation und ihre Beziehungen zu den anderen Völkern genauestens berücksichtigen muss. Es ist notwendig, sage ich, sich nicht auf abstrakte Theorien zu beschränken, sondern die Realitäten

1 Vgl. S. 86, Fn. 1; S. 115, Fn. 2. — Es wäre gut möglich, hier «Charakter» oder «Eigenschaft» zu übersetzen.

an sich anzuschauen, mithin die Einwohner als lebendige, intelligente und freie Gemeinschaften zu behandeln, nicht als Figuren. Das ist es, was mich an der italienischen Frage stört, wenn nach dem Sieg von Solferino 1859 davon die Rede ist, Italien zu einer Großmacht umzuformen wie es die Fünf sind, welche sich die Souveränität im modernen Europa teilen.[1]

1 In alphabetischer (!) Reihenfolge: England (Großbritannien), Frankreich, Österreich, Preußen, Russland.

F. W. Putzgers historischer Schul-Atlas

1918/41. Aufl., S. 29

gemeinfrei (gei-digital)

I. GEOGRAPHIE

Jeder Haufen von Menschen, der in einem klar umrissenen Gebiet siedelt und in der Lage ist, dort ein unabhängiges Leben zu führen, ist für die Autonomie prädestiniert. Ob klein oder groß, es ist das, was man eine «Macht» oder «Souveränität», einen «Staat», nennt. Sowohl bezüglich der politischen Gruppe als auch des Individuums behindern nur territoriale Zwänge die Freiheit, d. h. die Knechtschaft durch Nachbarn. Je mehr Unabhängigkeit zwischen den verschiedenen Teilen eines Landes, einer Insel, einer Halbinsel, eines Kontinents usw. besteht, desto mehr Freiheit gibt es naturgemäß zwischen den Städten und ihren Bewohnern; und diese Freiheit, die sozusagen einheimisch, spontan ist, verschwindet allein durch eine fremde Ursache, durch Krieg oder Gewalt. Je mehr andererseits die verschiedenen Teile eines Territoriums voneinander abhängen und sich gegenseitig bevormunden, desto mehr tendiert das Ganze in Richtung Autokratie, die endgültig erst durch eine künstliche, der natürlichen Teilung freierer Staaten nachempfundenen Teilung eines Landes sich überwinden lässt. Dies ist das Prinzip, nach dem die großen Einheitsmonarchien einerseits und die Republiken oder Föderationen andererseits ursprünglich gebildet wurden. Da nun die Bewegung der Zivilisation in Richtung der Freiheit geht,[1] folgt daraus, dass dort, wo die Unabhängigkeit des Einzelnen und der Gruppe auf die geringsten Hindernisse stößt, sich der Fortschritt in größter Ausdehnung manifestiert; wo dagegen die Masse eines Ganzen die Teile beherrscht, herrscht Unbeweglichkeit, Rückständigkeit. Wenn man also die Geographie eines Volkes kennt, kann man, wie Herder[2] gezeigt hat, seine Geschichte weissagen.

1 Hier weht Hegels «Weltgeist».
2 Johann Gottfried Herder (1764-1803). Weil er den «Universalismus» der

Ein Blick auf die Weltkarte genügt, um zu erkennen, dass die Wiege der zivilisatorischen Bewegung, der große Brennpunkt der Geschichte, weder in Theben, Babylon, Ninive, Persepolis oder Ekbatana stand, noch später in Wien, Moskau, Krakau, Paris, Lyon oder Madrid. Die Zivilisation mag in diesen großen Tälern des Nils, des Ganges, des Euphrats, der Donau, der Wolga, des Rheins oder der Rhône geblüht, sich dort über Jahrhunderte hinweg entwickelt haben; der Einfluss politischer Institutionen und Armeen erweckte vielleicht den Anschein, ausschließlich dort angesiedelt zu sein. Doch dies ist nicht ihre natürliche und definitive Heimat. Während der beiden großen Perioden des Heidentums und des Mittelalters konnte die Wiege der Zivilisation nicht auf dem Festland stehen: Diese Ehre kam dem Mittelmeerraum zu, in erster Linie *den Inseln*, wie die Orientalen Griechenland nannten; die Wiege der Zivilisation stand am Meer der Schönheit, symbolisiert in Aphrodite, dort, wo so viele unabhängige Staaten aufblühten, wie der Seefahrer, der die Küsten abfuhr, Flüsse, Häfen, Golfe und Täler zu zählen vermochte.

Beginnen Sie an der Mündung des Nils, umrunden Sie das Mittelmeer und fahren Sie durch Syrien: Überall dort treffen Sie zu jedem gegebenen Zeitpunkt auf *freie* Länder. Die Freiheit ist ein Geschenk des Meeres, denn das Meer, das die Landkarte zerschneidet und die Städte unabhängig macht, drängt die Knechtschaft in die Hochebenen zurück, zusammen mit den großen Machtbereichen. Vorderasien besteht fast ganz aus einer Ansammmlung von Kleinstaaten in den Berggipfeln, an den Quellen der Flüsse und mit einer

Aufklärung zugunsten der Betonung von Eigenarten eines jeden Volkes ablehnte, gilt er als Begründer konservativer Kulturtheorie. Die Eigenarten der Völker begründete Herder ausdrücklich nicht biologisch-rassisch, vielmehr aus geographischen und klimatischen Gegebenheiten sowie aus der Geschichte heraus.

Basis am Meer. Wenn Sie den Bosporus überqueren, finden Sie von Byzanz bis Korfu die gleiche Konfiguration, Symbol des gleichen Schicksals wie Griechenland. Die Unabhängigkeit der Staaten, ihre Föderation durch das Meer: Das ist die Freiheit nach der Ordnung der Natur; das ist die antike Zivilisation; das ist Griechenland.

Wohin aber greifen diese riesigen und fabulösen Reiche aus, deren apokalyptische Geschichte Kinder und Gelehrte gleichermaßen amüsiert, indessen keiner von beiden dabei groß was lernt? Auf die von starken Flüssen durchzogenen Landmassen, hier eher Zeichen der Abhängigkeit als der Freiheit. Da ist Ägypten mit einem einzigen Fluss und dessen verborgenen Quellen; Assyrien, an Tigris und Euphrat gelegen, das im ganzen Umkreis etliche Kleinstaaten, die von Natur aus frei hätten sein sollen, in seinen Bannkreis zieht; da ist Persien, das ihm folgt und immer wieder und mehr als je zuvor die maritimen Freiheiten bedroht, bis zu dem Tag, an dem es von Alexander überwunden wird. Xerxes ließ nach einem fehlgeschlagenen Brückenschlag über den Hellespont das Meer mit Rutenschlägen bestrafen: ein trefffliches Sinnbild für den König der Könige, den orientalischen Despoten, der es unternahm, Aphrodite, Göttin des Meeres und der Freiheit, Gewalt anzutun.

Und noch einmal: Der zivilisatorische Fortschritt, die der Welt geleisteten Dienste stehen hauptsächlich in umgekehrtem Verhältnis zur Größe der Reiche. — Was ist von Babylon auf uns gekommen? Was hinterließen uns die Chaldäer und die Weisen aus dem Morgenland? Sehr, sehr wenig; dagegen Judäa,[1] Phönizien, die griechischen Städte

1 Ohne Proudhons Antisemitismus damit relativieren zu wollen, sei darauf hingewiesen, dass hier die Juden die Liste derjenigen anführen, die uns die Zivilisation gegeben haben. Philosophie, Wissenschaften, Künste, Literatur, Politik, Handwerk, Religion, Gesetze, Freiheit. Die Aufzählung der folgenden Seite bezieht sich ausdrücklich nicht nur auf Griechenland.

Asiens, die entlang des Meeres verstreut liegen, Griechenland und seine Inseln haben uns alles gegeben: Philosophie, Wissenschaften, Künste, Literatur, Politik, Handwerk, Religion, Gesetze, Freiheit. Ägypten, Großmutter des Menschengeschlechts, kann immer noch den Titel der ersten Lehrerin für sich beanspruchen, aber darüber hinaus läuft nichts. Dort erfand man die Schifffahrt, aber es waren die Phönizier und Griechen, die Entdeckungsreisen unternahmen. Die ägyptischen Helden kämpfen gegen nichts als die Wilden, die in die Zivilisation einfallen und die man wie Affenbanden oder Spatzenschwärme jagt. Aus der allgemeinen historischen Perspektive gehört das alte und ohnmächtige Ägypten zur ersten Besatzermacht: wie Assyrien und Persien ist es der Beweis dafür, dass große Monarchien zur Auflösung tendieren, dass das Leben im Teilen besteht und dass die Demokratie der Nationen das Gesetz der Menschheit ist.

Was ich gerade zu Griechenland und dem Osten ausgeführt habe, werden wir auch in Italien und im übrigen Europa finden.

«La Presse», die die Bedeutung solcher geographischen Überlegungen nur vage erahnte und die Idee des vereinten Italiens mit einem großen Namen untermauern wollte, zitierte ein Fragment aus dem «Memorial von St. Helena», in dem Napoléon I seinen Gefährten aus dem Exil heraus eine Lektion der politischen Geographie erteilt. Der große Kapitän nimmt mit dem Kompass die Ausmaße der Halbinsel Italien auf, berechnet wie ein Landvermesser die Entfernungen, die Fläche, zählt die Gebirgszüge, die Flüsse, die Städte usw. Seine gesamte Geographie ist das Werk eines Schulmeisters, der auch Soldat ist. Am deutlichsten hat er den Halbkreis der Alpen vor Augen: Er bilde eine natürliche Bastion für die Verteidigung des Landesinneren. Napoléon war ein Mann der Einheit: Das ist ganz klar. Als Heerführer, als Eroberer, als Erbe Cæsars und Karls des Großen, wie hätte er da kein Zentralist sein können? Da die gesamte Halbinsel zwischen den Alpen und dem Meer liege, müsse sie einen einzigen Staat bilden: Das ist so, als würde man aus der Rundheit des Globus schließen, dass die ganze Erde einem einzigen Herrscher gehorchen müsse. Was Italien so wunderbar macht, nahm Napoléon gar nicht erst wahr: dass nämlich alle Teile, aus denen es sich zusammensetzt, trotz ihrer räumlichen Nähe so unabhängig voneinander sind, als seien sie über den Ozean verteilt, und gerade deshalb sind sie, statt nach Einheit zu rufen, ihr zuwider.

Zwei Dinge, ich wiederhole es, bestimmen die Bildung großer Staaten: territoriale Abhängigkeit oder Eroberung; eine Notwendigkeit der Natur, die jedoch nicht unüberwindbar ist, oder die Kraft der Waffen. Was die politische Vernunft betrifft, so lehnt sie eine solche Ansammlung aller Macht ab. Warum also, ich bitte Sie, Sizilien, Sardinien und Korsika unter eine gemeinsame Regierung bringen? Wozu brauchen diese Inseln einander oder das gegenüberliegenden Land für ihre Ordnung, ihre Landwirtschaft und ihre Industrie? Der Handel allein könnte eine Annexion motivieren; aber der Handel, von allen Dingen das Notwendigste nach der Arbeit, ist wahrlich das, was auf eine Zentralisierung am leichtesten verzichten kann. Haben wir etwa keinen Freihandel? Aber nun zu dem Teil, der am traurigsten ist, wenn man ihn unbeachtet lässt. Italien besteht aus einer langgezogene Halbinsel, in ihrer Länge zergliedert durch eine ununterbrochene Gebirgskette, von der auf beiden Seiten bis zum Meer eine Vielzahl von Tälern sich erstreckt, durch ebenso viele Bergrücken voneinander getrennt und vollkommen unabhängig. Italien sieht aus wie das Skelett eines riesigen Wals. Dies ist die originellste und entschiedenste föderalistische Verfassung der Welt, da diese kleinen Bereiche, obzwar sie nahe beieinander und in Reichweite liegen, so unabhängig sind, dass sie sich nicht gegenseitig behindern.

Bis zum gewissen Grad ist es verständlich, dass das alte Gallien, das unter Cæsars Schwert fiel und der römischen Zentralisierung unterworfen wurde, die Form beibehielt, die ihm die Eroberung gegeben hatte. Die Städte des Zentrums brauchten einen Ausweg, die Vereinigung schien hier eine erzwungene Folge der allgemeinen Existenz. Paris brauchte Rouen und le Havre; Lyon, Marseille; Toulouse, Bordeaux; Orléans, Nantes, und so weiter. Dort regeln die großen Arterien die Bewegung und unterdrücken sich gegenseitig: So ließen sich zum Beispiel die Saône und die Seine kaum voneinander trennen, und wer die Linie von Mâcon, Chalon, Besançon, Gray beherrschte, musste am Ende die Linie von Dijon, Auxerre, Sens, Montereau, Melun hinzunehmen, die sich an die vorhergehende anlehnte.

Mit, vielleicht, der Ausnahme des Po-Beckens gibt es in Italien jedoch nichts dergleichen, was es verunmöglichen würde, eine föderale Struktur zu schaffen. Denn dort leitet jede bedeutsame Stadt ihre Freiheit und Autonomie direkt vom Meer her und ist für ihre Außenkontakte nicht auf den Durchgang durch eine andere Stadt angewiesen: Venedig, Ravenna, Rimini, Ancona, Bari, Otranto, Taranto und Reggio an der Adria; Neapel, Rom, Civita-Vecchia, Florenz (am Arno) und Genua am Mittelmeer. Unter diesem Gesichtspunkt könnte man in Italien an die sechzig Souveränitäten schaffen: So lebte es im Übrigen viele Jahrhunderte lang, vor der römischen Eroberung. Als dann das westliche Reich fiel, tat Italien nicht, was Gallien getan hatte; es behielt die falsche Einheit nicht bei, welche ihm durch die Eroberung aufgezwungen worden war; es kehrte zu seiner natürlichen

Verfassung zurück, und auf dieser Verfassung Italiens beruhte wie auf einer Zahnradmaschine das gesamte Mittelalter von 476 bis 1530: alles, was mehr als tausend Jahre lang das Denken, das Leben und die Freiheit der Welt ausmachte. Nach Vorbild und Inspiration Italiens bildeten sich weitere Bünde wie die teutonische Hanse, die Republik der Sieben Vereinigten Provinzen zwischen Schelde, Maas und Rhein sowie schließlich die Schweiz, die, auf die Gipfel der Alpen begrenzt, als eine Art Zug um Zug vom Meer abgeschnittene Rumpfföderation betrachtet werden kann. Der Zweck dieser Föderationen ist leicht zu erkennen: Es geht darum, dem Treiben der monarchischen Massive zu widerstehen: dem gallischen Massiv, das bald zum Königreich Frankreich wurde; dem germanischen Massiv; dem slawischen und dem moskowitischen Massiv, dessen Anziehungskraft sich die moderne Gesellschaft eine Zeit lang hingegeben zu haben scheint.

Es handelt sich also um ein Gesetz: ein Naturgesetz, das für alle Zeiten und alle Länder gilt; ein unantastbares Gesetz, das den Nationen auferlegt ist und die Regierungen von oben her beherrscht. Erkennt Herr de Girardin dieses Gesetz an? Es zu leugnen, hieße, sich selber ein Patent auf Blindheit zu erteilen. Wie kommt es dann, dass es in seinen Ausführungen über Italien keinen größeren Platz einnimmt? Ist dies ein Versehen seinerseits? Die Unterlassung wäre noch unverzeihlicher als die Verweigerung. Wodurch kann er also hoffen, in seinem vereinten Italien die unaufhörliche Wirkung der Natur abzuwehren, ihren unbezwingbaren Einfluss zu unterdrücken?

«Andere Zeiten, andere Ideen, andere Systeme», könnte Herr de Girardin sagen. — Man ändert das Ewige aber nicht; und weil die Eisenbahn erfunden ward, glaubt Herr de Girardin, dass wir zugleich den Fluss, den Fußweg und den Ozean abgeschafft haben? Wir sprechen hier von der Freiheit, die Herr de Girardin als einzige unter den Göttern zu verehren vorgibt und die er unter allen Umständen für möglich hält; von der Freiheit, sage ich, die in der Zergliederung von Kontinenten und Meeren für sich selber ein ganzes System von Bollwerken schaffen wollte, bevor sie in den Errungenschaften menschlicher Arbeit ihr Hilfsmittel fand. Es ist eine Frage der gesamten Zivilisation, die bisher nur durch die Auflösung der großen Reiche und durch die Bündnisse zwischen freien Staaten fortgeschritten ist und noch lange fortschreiten wird; der föderalistische Gedanke wird trotz der bedauerlichsten Irrtümer an allen Ecken Europas und der Welt das letzte Wort unserer Verfassung sein, und mit der Schaffung des Königreichs Italien will man ihm ein neues Hindernis in den Weg legen. Aber was erwarten die Völker Italiens von dieser Einheit? Einheit ist moderne Knechtschaft, machtrationale, gegenseitige, verfassungsgemäße Knechtschaft. Welche Entschädigung erhalten sie für ihre frühere Unabhängigkeit?

Jeden Tag hören wir von «natürlichen Grenzen». In Erwartung einer Erklärung, was mit diesen beiden Worten «natürliche Grenzen» gemeint sei, möchte ich sagen, dass die beste, die sicherste, die natürlichste Grenze diejenige ist, die den von ihr getrennten Bevölkerungen die größte Freiheit, die absoluteste Selbstverwaltung garantiert. Grenzen wie diese gibt's überall in Italien: Warum bestehen wir darauf, sie nur in den Alpen und im Meer zu sehen?

II. ETHNOGRAPHIE

Religion und Moral, Wissenschaft und Recht haben immer dafür gesorgt, die Menschen zu vereinen und die Völker zu verbrüdern: Darin liegt die wahre Einheit, eine Einheit, die ganz und gar geistig ist, außer- und oberhalb von Willkür und Interessen. Ich wage zu behaupten, dass es andererseits die Aufgabe der Politik ist, unter dem Gesichtspunkt der Interessen und der materiellen Verhältnisse und in Übereinstimmung mit der Natur alles das zu trennen, was sich trennen lässt. Wie jeder andere, mehr als viele andere, die von ihnen sprechen, ohne sie zu verstehen, beuge ich mich den Prinzipien der Nation und der Familie: Gerade deshalb protestiere ich gegen die großen politischen Einheiten, die mir nichts anderes zu sein scheinen als die Konfiskationen von Nationalitäten.

Kann man zum Beispiel die Menschen in Sizilien wirklich als «Italiener» bezeichnen? — Nein, die Sizilianer sind Griechen, die durch die römische Herrschaft gezwungen wurden, wie so viele andere auch, Latein zu lernen; sind Griechen, zudem mit sarazenischem und karthagischem Blut beigemischt. Dasselbe gilt für Kalabrien, das einst «Magna Græcia», «Westgriechenland», «Hesperia» und viel später «das zweite Sizilien» genannt wurde. Den ältesten Überlieferungen nach waren die ersten Bewohner Siziliens, die Sikaner, iberischen oder pyrenäischen Ursprungs, die entlang der Südostküste siedelten; später gesellten sich die Sizilianer oder Sikeler dalmatinischen Ursprungs ihnen hinzu; sie siedelten entlang der gegenüberliegenden Küste im Nordosten. Die Griechen waren die letzten, die herbeikamen. Aber die sizilianische Zivilisation war griechisch, die Sprache, die Schrift, die Politik, alles das war griechisch; der griechische Einfluss ist noch in den heutigen Bräuchen zu finden. Das ist der Grund, der mich mehr als genug dazu brachte zu sagen, Sizilien sei griechisch. Italienisch ist nichts als die Sprache, die mit Gewalt eingeimpft wurde. Warum dann wird das «Königreich beider Sizilien» seit 1859 so schlagartig italianisiert? Reicht es, aus der relativ neuen Ähnlichkeit der Dialekte auf eine Einheit der Rasse zu schließen? Reicht es, dass der kaiserliche Absolutismus den Besiegten vor tausend oder fünfzehnhundert Jahren seine Sprache aufgezwungen hat, um heute hieraus die Konsequenz der politischen Einigung abzuleiten? Das «Recht» des Eroberers zugunsten von Viktor-Emanuel anzuführen, geschenkt; aber die Nationalität ist eine Lüge! Was sagt die Gutgläubigkeit von Herrn de Girardin dazu?

Wenn wir ein italienisches Königreich wollen, wäre es doch das mindeste, dass die Dynastie italienisch ist: Wie sind wir auf Viktor-Emanuel verfallen? Viktor-Emanuel, Erbe des alten Hauses Maurienne, Allobroge oder Savoyen, ist überhaupt kein Italiener. Er ist König von Italien, so wie Maximilian Kaiser von Mexiko ist, ein aus der Fremde importierter Fürst. Mit welchem Recht hat Viktor-Emanuel Savoyen und Nizza an Frankreich verkauft?[1] Mit welchem Titel erwarb er das Königtum Italiens? Herr de Girardin hat im Anfang eines seiner Bücher nirgends geschrieben: «Eigentum oder Zinsen sind Diebstahl.»[2] Wie kommt es nun, dass ich derjenige von uns beiden bin, der sich am stärksten über diese Usurpation Italiens empört?

Und Garibaldi, gebürtig aus Nizza, derzeit französischer Untertan, so er auch das Gegenteil behaupten mag, Garibaldi, der mal für die Republik, mal für das Königreich eintritt; Garibaldi, ein Gast, ein Kommensale, ein Gefährte oder ein Rentier von Viktor-Emanuel, der ihm das «König-

---

1 Im «Vorfrieden von Villafranca» wurde 1859 das Herzogtum Savoyen und die Grafschaft Nizza im Tausch für die Lombardei Frankreich zugesprochen.
2 Anspielung auf Proudhons paradoxen Schluss in der Beantwortung der Frage, «Was ist Eigentum?»: «Eigentum ist Diebstahl.» Das Missverständnis, damit die Negierung des Eigentums ausdrücken zu wollen (ein Missverständnis, da der Begriff «Diebstahl» den des rechtmäßigen Eigentums voraussetzt), hat er in seiner freilich erst posthum edierten «Theorie des Eigentums» aufgeklärt: Er zeigt, dass die Idee des Eigentums die eigentliche revolutionäre Kraft in der Geschichte sei, die letztlich auch den Staat überwinden werde.

reich beider Sizilien» verdankt;[1] ist Garibaldi ein Italiener? Und wenn er keiner ist, was hat dann dieser Abenteurer[2] damit zu tun? Denn nach allem, was wir über sein Leben wissen, ist es unmöglich, ihm eine andere Qualifikation zu geben. Garibaldi ist so wenig Italiener wie Viktor-Emanuel: Er gehört der ligurischen Rasse an, die früher über die gesamte Seegrenze von Barcelona bis Genua verbreitet war. Politische Umwälzungen haben Ligurien abgetrennt und es teils an Piemont, ebenfalls nicht zu Italien gehörig, teils an Frankreich und teils an Spanien angeschlossen. Im Mittelalter allerdings, momentan vermag ich die genaue Epoche nicht zu nennen, gab es eine Art ligurisches Königreich, das sich mit der Hauptstadt in Montpellier von Spanien bis Frankreich, sogar bis zur italienischen Grenze erstreckte.[3] Es war eine letzte Anstrengung der ligurischen Nation. Aber weil die Ligurier sich jahrhundertelang von der Landkarte der Staaten getilgt sahen, folgt daraus etwa, dass Männer dieser Rasse das Recht haben, Königreiche zu begründen und zu zerschlagen, im Namen fremder Nationen zu sprechen, willkürlich diese auszulöschen, das Reich irgendwem zu übergeben, sich dem natürlichen Fortschritt der Zivilisation zu widersetzen, Politik und Geschichte umzukrempeln? Eure italienische Einheit wurde von einem ligurischen Soldaten zugunsten eines savoyischen Fürsten gegen alle Geographie und Nationalität hingerotzt, und ihr

1 Am 26. Oktober 1860 trafen bei Neapel die Truppen von Garibaldi und Viktor-Emanuel II aufeinander; doch statt der erwarteten Eskalation ließ Garibaldi Viktor-Emanuel als «König von Italien» hochleben.
2 1862 noch lehnte Proudhon es ab, ihn so zu nennen (vgl. S. 75, Fn. 4, 5).
3 Diese Aussage von Proudhon konnte ich in der Form nicht verifizieren. Vom 10. bis zum 13. Jahrhundert gehörte die Stadt Montpellier zum Königreich Mallorca, hielt zwar enge Verbindung zum ligurischen Genua, aber es gab keine politische Einheit; freilich bestanden dynastische Beziehungen nach Spanien (Maria von Montpellier [1182-1213] war beispielsweise auch die Königin von Aragonien).

wollt, dass ich mich diesem Werk des Machiavellismus und der Gewalt beuge! Sucht nach anderen Helden und nach besseren Gründen; ich sage euch nämlich, weder Viktor-Emanuel noch Garibaldi zwingen mir welche auf.

Sardinien und Korsika lasse ich außen vor. — Ich kann allerdings nicht umhin, ein Wort über die Lombardei zu verlieren.

Die Lombardei bildet für sich genommen einen bedeutenden Teil der Halbinsel, der heute der reichste und der am meisten zivilisierte ist. Dort können wir zumindest glauben, dass wir uns mitten in Italien befinden. Hätten wir über deren Nation nichts zu sagen? Ich stelle die Frage nicht, weil mir Wortklauberei Freude bereitet, sondern weil sie uns den wahren Charakter der Bevölkerung der Halbinsel offenbaren wird.

Jeder weiß, dass das Land, das heute «Lombardei» heißt, lange vor der Eroberung durch Römer «Cisalpines Gallien» hieß; dass es seit fast unvordenklichen Zeiten zahlreiche gallische Kolonien beherbergte; dass sich diese Kolonien über die beiden Ufer des Po erstreckten, wodurch zum Cisalpinischen Gallien noch das Transpadane Gallien und das Cispadane Gallien hinzukamen. Kann man daraus schließen, dass das Cisalpine Gallien aus ethnographischer Sicht wirklich italienisch ist? Als Napoléon I die Lombardei seinem Reich einverleibte und sie zum Königreich Italien mit Mailand als Hauptstadt machte, hatte er vom Standpunkt der Nation aus sicherlich mehr Recht als Viktor-Emanuel, der Sizilien und Neapel dem Piemont anschloss. Schließlich können wir Gallier Vergil und Livius bis zu einem gewissen Grad als Landsleute betrachten, während Theokrit, Archimedes, Dion und Hieron, dem Namen nach alle griechisch, sicherlich keine Vettern ersten Grades der Tauriner sind.

Zweifellos hat Italien seine Ur-Einwohner gehabt; es muss echte Italiener gegeben haben und gibt sie wahrscheinlich immer noch. Aber letztlich kennen wir sie nicht; es wurde nicht über sie gesprochen; sie bilden eine geradezu unmerkliche Minderheit, und es ist gar nicht mehr möglich, ihre Rolle in dem Bündel der Nationen zu bestimmen, die die Halbinsel in Besitz genommen haben. Neben den Sikanern waren es die Sikuler, die Dalmatiner, die Griechen oder Pelasger (Thessalier, Arkadier usw.), die Gallier oder Kelten, die bereits früh in Italien eindrangen und es bevölkerten; in prähistorischer Zeit hatte Italien außerdem noch die Ägypter, die Semiten, die asiatischen Griechen (Meonier aus Lydien, später die sogenannten Tusker oder «Opferer», die Toskaner), die Phrygier, die Germanen, die Phönizier oder Karthager aufgenommen; in den folgenden Jahrhunderten kamen die Barbaren, Heruler, Ostgoten, Langobarden, Franken, Sarazenen[1] und Normannen hinzu. Über einen Zeitraum von fünfundzwanzig bis dreißig Jahrhunderten strömte man von allen Seiten wie eine Flut in die Täler Italiens und überall sprossen Kolonien hervor, genauso wie die Semiten bereits vor Abraham von den Bergen Armeniens hinabzogen, die Ebenen von Chaldäa durchquerten und sich in die Täler Syriens und Palästinas ergossen. Eine bemerkenswerte Konsequenz seiner geographischen Anordnung, die schon immer die Originalität seiner Geschichte bestimmte, besteht darin, dass Italien aufgrund von Meer und Alpenpässen von allen möglichen Nationen bevölkert wird. Die Siedler zogen die Flüsse entlang; sie drangen von den Ufern des Mittelmeers und der Adria zu den Kämmen vor und vertrieben die mehr oder weniger barbarischen Ureinwohner des Apennin und der Alpen (Orobii, Bergvölker), die, obwohl sie durchs Gesetz

1 Araber.

der Indigenität die ersten Besitzer der Halbinsel waren, aus der Geschichte verschwanden.

Man kann nicht sagen, dass es in Italien, wie in Gallien, Deutschland, Skandinavien, Moskau und so weiter, einen Kern autochthoner Bevölkerung gibt, der eine Nation begründet. In Italien gibt es Bevölkerungen jeder Herkunft und jeden Charakters: Es gibt im Grunde keine italienische Rasse. Die italienische Nation ist eine Fiktion.

Und das ist das Land, das einige Leute gern in einen hoch zentralisierten Staat, ein einheitliches Königreich, ein homogenes Volk verwandelt sehen möchten! Wegen einer solchen Verwirrung wagt man es, sich sowohl auf das Prinzip der Nationen als auch auf das der natürlichen Grenzen zu berufen! Als ob die Einheit unter dem Gesichtspunkt der Rassen nicht eine Entnationalisierung wäre! Wir hingegen glauben: Die geheime, dem Boden und seinen Bewohnern innewohnende Kraft hielt in der Vergangenheit die Völker der Halbinsel in ihren jeweiligen Charakteren aufrecht und diversifizierte sie; brachte die prächtigen und kommunalen Cisalpini hervor, die religiösen Etrusker, die ernsten Sabiner, Ahnen der kriegerischen Samniten, sowie einer weiteren Schar kleiner Völker; sie verschmolzen zu patrizischen und rechtlichen Römern. Sollten wir glauben, dass diese Kraft, die dreißig Jahrhunderte Revolutionen und Unterdrückung nicht erschöpften, da sie, wie die Erde und die Völker, unsterblich ist, angesichts von Willkür und konstitutionellen Formeln aufhört zu wirken? Werden Schicksale verändert, weil man Italien mit hundert Stadttoren und hundert Gesichtern befiehlt, sich zu verhalten, als hätte es nur ein halbes Dutzend, denn sechs Stadttore und sechs Gesichter seien bei der Einheit mehr als genug? Ich schlage vor, uns, den Franzosen, ein einheitliches Volk *par excellence*, möge man das Folgende unterbreiten:

«Mit Brest, Cherbourg und Toulon, mit Calais, Boulogne, le Havre, Saint-Nazaire, Bordeaux, Cette und Marseille haben Sie alles, was Ihre Handels- und Kriegsmarine braucht. Zehn gut gelegene Häfen genügen Frankreich: Was nützen diese ausgedehnten Küstenstreifen am Mittelmeer und am Ozean und diese unzähligen Flanken, welche nur große Anstrengungen erfordern, Kosten vervielfachen und Feinde geradezu einzuladen scheinen? In einem zentralisierten, militaristischen großen Staat mit Monopolen besteht die Aufgabe vor allem darin, gut befestigt, gut abgesichert, gut überwacht und gut ausgebeutet zu sein; um die Aufgabe zu erfüllen, schreiben Logik und gesunde Ökonomie vor, jede abweichende Ausdehnung zu unterdrücken und nutzlose Verbindungen zu blockieren.»

Solch ein Gerede käme uns lächerlich vor; wir wären beleidigt, wenn jemand unsere Möglichkeiten durch solch seltsame Barrieren einschränken wollte. Es ist in der Tat unserer innerer Widerspruch, dass wir, während wir die Zentralisierung zu unserem ersten Prinzip erklären, die Ausdehnung der Küsten und die Vielzahl der Häfen zu den Reichtümern Frankreichs und zum größten Vorteil seiner Lage zählen. Zu einer solchen Schlussfolgerung müssen freilich auch die Vereinheitlicher Italiens gelangen. Eines Tages, wenn der Kriegszustand zwischen den Mächten anhält, wird Italien erkennen, dass das Meer, das es umgibt und das seine Freiheiten sichern sollte, die größte Gefahr birgt, die ihm droht. Mehr noch als in Frankreich ist dort die Unvereinbarkeit zwischen der territorialen Verfassung und dem politischen System eklatant und absolut. So wie es ist, offen für alle Einflüsse, geteilt in Nationen, gekennzeichnet von Gegensätzen, ist Italien in der neuen Form, wie sie vorgeschlagen wird, widersinnig. Entweder wird der Geist der Unabhängigkeit, der in den kleinsten Teilen

immanent und unbezwingbar ist, die Einheit Italiens auf-
lösen; oder aber, um die unmögliche Einheit zu bewahren,
wird es notwendig sein, die Halbinsel in eine Zwangsjacke
zu stecken, indem man an den Küsten Mauern errichtet,
durchbrochen nur von fünf oder sechs Schlupflöchern; die
Mauern werden, vom Fuß des Corno Grande ausgehend,
sich bis nach Reggio hinziehen, um schließlich über Tarent,
Ancona und Venedig zum Isonzo zurückzukehren.

III. GESCHICHTE

Nicht nur sein Territorium und seine Bewohner prägen die
Verfassung eines Staats, sondern auch die Tradition. Da
sie dem nationalen Genie Ausdruck verleiht, drückt sich
in ihr zugleich die Geschichte aus. Dieser Ideen ist jeder
sich bewusst. Jeder von uns weiß, dass die Völker ihr Leben
wie Individuen führen und dass diese kollektive Existenz
eine Evolution ist, bei der eins zum anderen führt, und die
alle Verstöße gegen die Kontinuität und alle Willkür aus-
schließt. Bevor man also beschließt, dass das von Österreich, dem Papsttum und den Bourbonen befreite Italien
eine einzige parlamentarische, militärische und einheitliche Monarchie unter dem Zepter des frisch zum Liberalismus bekehrten Hauses Savoyen zu bilden habe, sollte man,
so scheint es, die Gesetzmäßigkeiten der geschichtlichen
Evolution untersuchen. Bevor man also fünfundzwanzig
Millionen aus dem Schlaf gerissenen Menschen ein neues
politisches Reglement aufnötigt, wäre es gut gewesen, sie
vorher zu befragen, wie sie es bis dahin gehalten haben.
Warum wurde nichts dergleichen unternommen?

Zweifellos wollten die Führer in Paris und Turin, die das
Urteil der Geschichte über ihren Plan fürchteten, ihm aus-
weichen, indem sie die Frage umgingen. Sie dachten mit
Herrn de Girardin, dass die Tatsache mächtiger sei als die

Idee; dass es vor allem notwendig sei, mit der Ausführung
des Plans fortzufahren, und dass, wäre Italien erst einmal
hergestellt, dies zu einer unumkehrbaren «vollendeten Tatsache» werde.

Aber jetzt, fünf Jahre später, ist die italienische Einheit,
die die Cavours,[1] die Garibaldis und andere säbelten, weit
weniger fortgeschritten als am ersten Tage; sie streckt die
Zunge heraus und zeigt, wie fadenscheinig sie ist; sogar
Herr de Girardin, Vater der berühmten Maxime der «vollendeten Tatsachen», beweist den Italienern in seiner Inter-
pretation der «Septemberkonvention von 1864»,[2] dass ihre
Einheit zwischen Abrüstung und Bankrott steht;[3] dies bedeutet Verzicht oder Entehrung. Muss ich nun Herrn de
Girardin, der es bis jetzt nicht zu ahnen scheint, erklären,
dass «vollendete Tatsachen», so schwerwiegend sie auch
sein mögen, nichts wiegen, nichts nützen, nichts bedeuten,
sobald sie gegen die Geschichte durchgezogen werden, und
dass genau dies bei der italienischen Einheit der Fall war?

Italien ist vor allem aufgrund seiner geographischen
Beschaffenheit uneinheitlich: Im ersten Kapitel haben wir
das gezeigt. Zweitens ist es aufgrund der ursprünglichen
Vielfalt seiner Bevölkerung uneinheitlich, einer so großen
Vielfalt, die es unmöglich macht, in diesem Land überhaupt einen Kern dessen zu finden, was man anderswo
gemeinhin «Nation» nennt. Drittens möchte ich beifügen,
dass Italien darüber hinaus für die Einheit nicht taugt, und
zwar wegen des Auseinanderklaffens seiner Geschichte
und des damit verbundenen Problems der politischen Verfassung. Außerdem ist diese anhaltende Antipathie gegen-

[1] Siehe S. 42, Fn. 3.
[2] Italien garantiert den Kirchenstaat («Vatikan») als Gegenleistung zum
schrittweisen Abzug der französischen Truppen aus Rom.
[3] Siehe dagegen S. 86, Fn. 4.

über Italien so logisch, wie man es sich nur vorstellen kann. Da die Geschichte grundsätzlich durch die Bevölkerung und das Territorium gegeben ist, sowie dies wiederum durch die geographische Anordnung, wäre zu erwarten, dass das von der Natur am Ursprung der Kontinente festgelegte Prinzip, das sich später in den Rassen verkörpert, unweigerlich zu dem eigentlichen Prinzip des Staats wird. Geist und Materie marschieren im Gleichschritt.

Ich werde keinen großen Aufwand an historischer Gelehrsamkeit betreiben. Italiens Geschichte ist mit keiner anderen zu vergleichen: Ihre allgemeinen Merkmale lassen sich sofort erkennen. Es handelt sich nur darum, die Augen zu öffnen.

Ich unterteile die gesamte Geschichte der italienischen Halbinsel in vier Abschnitte: der erste erstreckt sich von den Ursprüngen bis zur Eroberung durch die Römer um 145 v. Chr.; der zweite reicht von der Reduzierung Italiens auf eine römische Provinz, 145 v. Chr., bis zum Untergang des westlichen Reiches, 476 n. Chr.; der dritte umfasst das gesamte Mittelalter, von 476 bis 1530; und der vierte ist die Neuzeit.

In der ersten Periode hat Italien, aufgeteilt in hundert verschiedene Nationen, seiner Natur gehorchend, seine Grundidee, den Kommunalismus, etabliert. Daraus erwuchs das Stadtrecht. Aber die Entwicklung der höheren Zivilisation, nacheinander bestimmt vom Orient, von Griechenland, Karthago und Rom, pausiert; für eine Weile, unterdessen im Jahrhundert des Augustus all ihre Kräfte, all ihre Ideen, all ihre Freiheiten, all ihre Stärken auf die Konstitution des Reiches konzentriert werden, verblasst die allgemeine Zivilisation. Welche Rolle spielten nun die italienischen Städte in dieser Konstitution, die zu der der Menschheit wurde? Das ist nicht schwer zu beantworten:

das «Stadtrecht», wie man in Rom pflegte zu sagen, Vorbild für ganz Italien, was alle Völker nachahmen werden, die sich für dieses Recht begeistern; das «Bürgerrecht», wie wir seit 1789 zu sagen pflegen, oder einfacher: DAS RECHT; das Recht, das Rom sich rühmte, der Welt gelehrt zu haben, das der alte Orient kaum ahnte, das Griechenland nicht die Zeit hatte, zu entwickeln und zu definieren; das Recht ist das authentische, vom siegreichen Rom kondensierte Produkt des alten Italiens.

Mit dem Recht wird die geistige Einheit des Menschengeschlechts eingeleitet, symbolisiert zugleich einerseits durch das Imperium, andererseits durch Kirche und Papsttum. Dann, als diese Einheit sich offenbarte, verschwand das Imperium, d. h. die materielle Grundlage, welche ihm zum Durchbruch verholfen hatte, die Fügung in den kaiserlichen Willen;[1] die Nationen kamen wieder zum Vorschein; Italien fand zu seiner alten Verfassung zurück: Das ist die zweite [*sic*, dritte?] Epoche der italienischen Geschichte.

Damit brach die große Epoche für Italien an. Das Problem besteht darin, die kommunalen Freiheiten mit der Einheit des Rechts zu verbinden; konkreter gesagt, den unabhängigen Nationen und freien Städten einen sicheren Ort zu geben, der ihnen allen Sicherheit gewährt und wo keine gegen eine andere von ihnen etwas unternehmen kann. Es ist das Problem der universellen und föderativen Freiheit, das sich hier zeigt, und dessen Verwirklichung Italien mit Hilfe der zeitgemäßen Ideen versuchen musste: 1. der Idee der Kirche, vertreten durch den Papst, und 2. der Idee des zum Christen gewordenen Kaisers, Laienbischof, die rechte Hand des Heiligen Vaters, und von ihm

---

1 «le fatalisme impérial», grandiose Dialektik: Das Recht ist, sowohl im Falle von Augustus als auch dem von Napoléon I, ein gesetzter Willkürakt, macht aber dann vom Schicksal des Kaisers unabhängig, macht ihn überflüssig.

gekrönt. Das Bündnis der beiden Mächte, der geistlichen und der weltlichen Macht, also der Pakt Karls des Großen, das ist die Grundlage, auf der Italien über mehr als tausend Jahre lang versuchen wird, den Frieden und die Freiheit des Menschengeschlechts zu begründen.

Die Allianz der beiden Mächte ist jedoch antinomisch. Papst und Kaiser liegen in ständigem Clinch miteinander: beide sind Usurpatoren, der eine strebt nach dem Kalifat, nach Aufnahme des Zeitlichen ins Geistliche, der andere stürzt die Kirche ins Schisma, spaltet sie, ernennt Gegenpäpste, will sich des Weihrauchs bemächtigen und erhebt überdies einen starken Anspruch auf die Herrschaft über die Städte. Das Problem bliebe demnach unlösbar, und die Mission Italiens wäre nichtig, wenn das Christentum, derweil es ein schimärenhaftes Ideal verfolgte, sich nicht unwissentlich eine höhere Bestimmung außerhalb der kaiserlichen Allmacht, die zur Tyrannei neigte, und des päpstlichen Absolutismus, der zum Götzendienst und Antichrist geworden war, geschaffen hätte. Doch gerade hier zeigt sich das politische Genie Italiens in seiner ganzen Brillanz. Mal der Kaiser gegen den Papst, mal der Papst gegen den Kaiser, abwechselnd welfisch oder waiblingisch. Indem es, sei es im Kaiser des Orients, dem viele Städte gehören, sei es im Reich (Frankreich oder Italien), neue Gegengewichte fand, rettete Italien durch seine rechtzeitige Initiative, durch seinen entscheidenden Einfluss, durch den Glanz seines Beispiels die christliche Gesellschaft vor diesem doppelten Absolutismus, dessen Prinzip, geheiligt durch die Religion, in den tiefsten Tiefen des Bewusstseins verwurzelt war. Italien zermürbte das Papsttum und das Reich; hielt die Könige in Schach und verschlang sie; und als Italien dann, erschöpft von einem so langen Kampf, überwältigt vom Ehrgeiz der Fürsten und der Schwachsinnigkeit des Volkes, außer Gefecht gesetzt ward, drohte keine Gefahr mehr; die alte soziale Vernunft, Papst-Kaiser, verschwand; die Renaissance, jene große Revolution des fünfzehnten Jahrhunderts, hatte sich vollendet, und die Reformation, die große Revolution des sechzehnten Jahrhunderts, eigenhändig vorbereitet von der Renaissance, befand sich im vollen Schwange. Seit der Eroberung von Florenz im Jahr 1530,[1] die dem ein Ende setzte, was man getrost als «italienische Hegemonie» bezeichnen könnte, ruhte Italien. Die Stafette des Fortschritts wechselte aus den Händen Italiens zuerst in die Spaniens, dann in die Deutschlands und Frankreichs über: Wo befindet sie sich heute? Wer ist die führende Nation dieser Zeit? Italien wartet darauf, dass ihm sein Schicksal eröffnet wird, und wir wissen keine bessere Antwort als — konstitutionelle Monarchie, einheitliches Königreich! «Risum teneatis.»[2]

Italien präsentiert sich der heutigen Generation mit all seiner Ewigkeit und mit all den Gegensätzen in seiner Geschichte; es behauptet sich gleichzeitig als städtisch respektive föderal, römisch respektive einheitlich; kaiserlich, einmal im Sinne eines Kaisers von Konstantinopel, das andere Mal im Sinne eines germanischen Kaisers; päpstlich mit Bellarmin[3] und anti-päpstlich mit den Konzilien;[4] feudal, bischöflich, königlich, adlig, welfisch und waiblingisch, bäuerlich und bürgerlich, reformatorisch und orthodox. Und dieses Italien fragt euch, all ihr Redner und Macher,

1 ... durch den habsburgischen Kaiser Karl V (1500-1558).
2 Horaz. «... risum teneatis, amici?» — Freunde, könnt ihr euch das Lachen verkneifen?
3 Robert Bellarmin (1542-1621), jesuitischer Theoretiker eines päpstlichen Vorrangstellung.
4 Der sog. «Konziliarismus» war vom 14. bis 16. Jahrhundert eine Reformbewegung innerhalb der katholischen Kirche, welche die Autorität aus den Händen des Papstes in die Konzilien verlagern wollte. Er begann mit dem Konzil in Pisa 1409.

Säbelrassler und Fanatiker, die ihr über «Meinungen» verfügt und «die Bewegung» anführt, was ihr selber sein wollt, wer ihr letztendlich seid.

Kommen Sie, mein Herr de Girardin, Mann mit seinen hunderttausend Ideen, was meinen Sie? Wird Italien ein Königreich sein? Mazzini hätte gerne «Nein» gesagt; Garibaldi, der ehemalige Soldat der Republik, Garibaldi, der das Boot wuppt, sagte «Ja». Was ist Ihre Meinung? Sie sagen, Sie sind für «vollendeten Tatsachen». Nun, wenn es um das Königreich geht, so sind die «vollendeten Tatsachen» in Italien nichts weniger als sicher. Seit dem alten Brutus verschlang Italien jedes seiner Königreiche. Die ganze Welt weiß, welch einen Schrecken der Name des Königs in Rom auslöste. Ohne weiter als bis zum Ende des weströmischen Reiches zurückzugehen, zehrte Italien alle monarchischen Gebilde nacheinander auf:

Königreich der Heruler	476- 493
Königreich der Ostgoten	493- 554
Königreich der Langobarden	568- 774
Königreich der Franken	774- 887
Feudale Könige	888- 951
Teil des Königreichs Napoléons I	1804-1815

Ihr werdet mir sagen, jene Reiche seien durch einander, durch die Rivalität der Fürsten und die Unruhe der Völker untergegangen. Zweifellos waren die Waffen barbarisch, aber der Geist ist italienisch: In diesen königlichen Katastrophen finden Sie immer einheimisches Handeln, oft sogar das des Papstes. Der Fluch der Kirche lastet auf dem Königtum. Nur an einem Ort scheint das Königreich zu halten, und zwar in Neapel. Ein Hinweis auf eine andere Nation und einen anderen Einfluss. Und noch einmal: Seit der normannischen Eroberung um 1016 hielt in Neapel sich zwar das Königreich, die Dynastie aber wechselte mehrfach: Normannen, Anjouer, Aragonier, Deutsche, Ungarn, Spanier, die Könige kamen aus allen Ländern außer den beiden Sizilien. Spricht das Ihrer Meinung nach für den Erben der Könige von Zypern und Jerusalem, Viktor-Emanuel?

Von seinen Paten eingeflüstert, fordert Italien Rom als seine Hauptstadt. Glauben Sie, dass dieser Wunsch Italiens vollkommen durchdacht und authentisch ist? Greifen Sie ein beliebiges Thema heraus, und Sie werden sehen, dass Sie sich irren. Rom ist nicht mehr als ein Grab, eine Friedhofskapelle. Hierüber sind alle sich einig. Alles, was Rom einst zur ewigen Stadt, zur Hauptstadt der Welt machte, urbi et orbi, Religion, Reich, Papsttum, all das ist tot, sagt Herr Petruccelli della Gattina,[1] und nichts kann es wieder auferstehen lassen. Rom ist ebenerdig, auf dem Niveau von Memphis, Ninive und Babylon. Als die Hauptstadt eines modernen Staats ist Rom ein törichter Idealismus, Traum eines Schattens. Doch wenn man Rom aus den Köpfen der Italiener entfernt, verschwinden sofort die Ideen von Einheit, Zentralisierung, Imperium und Königreich; man muss sich unwillkürlich an die Föderation halten. Denn, wie ich die Ehre habe, Ihnen zu sagen, ist die Einheit in Italien ein reiner Idealismus, der nur so lange aufrechterhalten werden kann, wie Rom, ein anderer Idealismus, zum Zuge kommt. «Welchen Dienst», ruft Herr Petruccelli della Gattina aus, «würden wir einem vereinten Italien erweisen, wenn wir es von diesem alten Rom befreien, wenn wir den Petersdom und mit ihm alle Denkmäler in die Luft

---

1 Ferdinando Petruccelli della Gattina (1815-1890), zunächst Mitkämpfer Garibaldis, war er von der italienischen Einheit zunehmend enttäuscht. Bekannt geworden vor allem als Kriegsberichterstatter.

sprengen!»[1] Er ist sich nicht hierüber im Klaren, dass mit der Zerstörung Roms auch die Fata Morgana der Einheit verschwinden würde. Das sind die Vorrechte und die Notwendigkeiten der Geschichte.

Italien ist katholisch geblieben, nehme ich an. Ein Volk ändert seinen Glauben nur unter dem Impuls einer inneren Revolution; weder die Renaissance, noch die Reformation, noch die Philosophie des achtzehnten Jahrhunderts, noch die deutsche Philosophie, noch die Französische Revolution scheinen die Italiener dazu bringen zu können, ihren Glauben zu verlieren. In Italien gibt es Atheisten, Freidenker, Deisten, vielleicht ein paar Protestanten: Der Einzelne ist, was er will; die Gesellschaft bleibt katholisch. Bleibt sie auch papistisch? Nach dem Lärm zu urteilen, der von der weltlichen Macht gegen das Papsttum erhoben wurde, würde man zur Verneinung neigen; näheres Nachdenken mündet in Zweifeln.

In Italien ist es besonders schwierig, das religiöse Bewusstsein mit der politischen Verfassung in Einklang zu bringen. In Frankreich, Österreich, Bayern, Belgien, Polen, Spanien usw. kann man durchaus daran denken, Staat und Kirche zu trennen, gegeneinander abzugrenzen und trotzdem zusammenzuleben; in Italien liegen die Dinge etwas anders. Hier bedeutet der Katholizismus mehr als eine Religion des Staats oder der Mehrheit der Italiener; er ist Mutter und Mätresse aller katholischen Kirchen der Welt, das Zentrum und der Gipfel des dogmatischen Christentums auf der ganzen Erde. Nun hat Italien nicht den Wunsch, auf die Ehre des souveränen Pontifikats zu ver-

[1] Ein Zitat mit derartigem Inhalt konnte ich nicht ausfindig machen. — Es handelt sich möglicherweise um eine ironische Zusammenfassung der Briefserie, die im November 1864 in «La Presse» von Petruccelli della Gattina veröffentlicht wurde (auf sie nimmt Proudhon weiter unten explizit Bezug, vgl. S. 151, Fn. 2).

zichten, ein Skandal, wenn man so will, für philosophische Vernunft und Staatsräson, aber der Hauptruhm Italiens.

Der römischen Papst verkörpert eine höhere Macht als die Bischöfe, Erzbischöfe und Kardinäle in den anderen Länder; daher ist zwischen Kirche und Staat ein anderer Ausgleich oder Pakt als bloß ein einfaches Konkordat erforderlich. Das ist eine Sache der Praxis, gegen welche es keinen Sinn hat, anzurennen. Der Katholizismus hält in Italien die Mehrheit; das Papsttum repräsentiert Italien; die Katholiken aller Länder dienen als Fußvolk: man muss also mit ihm rechnen. Die wenigen Philosophen, die Italien besitzt, wie Herr Petruccelli della Gattina, würden gern direkt auf das italienische Volk sehen und das Papsttum zum Teufel schicken; zu ihrer großen Verwirrung folgt man ihnen nicht.

Eine Revolution in den Überzeugungen Italiens herbeizuführen, ist eine Macht, die seinen Denkern nicht gegeben wurde: Das ist Stand der Dinge. Weder das Schwert von Viktor-Emanuel noch die Worte von Herrn de Cavour haben diesen mehr als gordischen Knoten durchschlagen können. In den letzten Jahren, so hat man mir berichtet, wurde im Turiner Parlament eine Zivilverfassung für den Klerus vorgeschlagen. Der aber wütete gegen die weltliche Macht, so dass niemand, als es zur Abstimmung kam, für sie geradestand. Eines Tages erschien ein Abgeordneter, der sich unnachgiebiger als die anderen gegeben hatte, zur Kommunion in seiner Gemeinde. Der Pfarrer, der in ihm einen der heftigsten Feinde des Heiligen Stuhls erkannte, verweigerte ihm das Sakrament. Was macht der Exkommunizierte? Er verklagt seinen Pastor vor dem Zivilrichter! Kann dieser Vertreter des Volkes behaupten, ein Feind des Papsttums zu sein? Unsere Nachbarn werden nicht lange akzeptieren, dass in einem konstitutionellen Staat mit dem oberstes Prinzip der Toleranz das Gesetz atheistisch sei; Italien wird nicht lange zustimmen, sein Pontifikat hintanzustellen: Es würde sich nicht mehr für christlich halten. Oder das Pontifikat gäbe es nur noch mit einem großen Schuss weltlicher Macht. Ist Herr de Girardin in der Lage, in seinem System der Einheit diese beiden Dinge miteinander zu vereinbaren?

Ferrari[1] habe ich behaupten gehört, Italien lasse trotz all seiner Verderbtheit nicht davon ab, christlich und päpstlich zu sein, genau wie es auch nicht davon ablasse, kaiserlich zu sein; also immer noch waiblingisch und immer noch welfisch, das eine geht nicht ohne das andere. Und Ferraris Meinung scheint begründet zu sein: An dem Tag, an dem der österreichische Kaiser Franz Joseph die Lombardei verließ, wurde Kaiser Napoléon III im Triumph getragen und zum Befreier ausgerufen. In Italien bedeutet «Reich» seit Karl dem Großen Protektorat, eine Macht, die, durch das Pontifikat ausgeglichen und durch kommunale Freiheiten begrenzt, keine Autorität über die Städte ausübt, ihnen weder Gesetze noch Abgaben auferlegen kann, aber durch ihren Titel verpflichtet ist, sie vor ihren Bürgerkriegen zu bewahren und gegen fremde Angriffe zu verteidigen. Wie ich bereits sagte, handelt es sich um den so genannten Pakt Karls des Großen. Heute wie vor tausend Jahren scheint Italien von dieser einzigartigen Idee durchdrungen zu sein: eine Macht, die es zwar schützt, aber nicht beherrscht. Ohne solche Macht gäbe es kein Italien. Doch je mehr die Italiener das Bedürfnis nach diesem Protektorat verspüren, desto mehr misstrauen sie ihm, wohl wissend, dass in der Politik derjenige, der schützt, auch das Sagen hat.

1 Siehe oben S. 33, Fn. 2. — Proudhon hat das Privileg des Zeitgenossen; für die historische Rekonstruktion ein Albtraum.

Warum schützen sie sich nicht, werden Sie fragen, warum befreien sie sich nicht, warum verteidigen sie sich nicht? Das dachten sie auch, als sie Viktor-Emanuel zum König erhoben und sich die Einheit verordneten; sie gaben aber zu, dass sie sich geirrt haben, als sie die Konvention vom 15. September 1864 unterzeichneten und auf Anraten von Herrn de Girardin abrüsteten. Anstatt einen Krieg zu führen, knickt Italien angesichts des Bankrotts ein, entweder weil es sich nicht stark genug fühlt oder weil es ihn für zu teuer hält. Welcher Glaube an seine Einheit! Sieht Herr de Girardin eine Möglichkeit, diese sehr italienische Schwierigkeit zu lösen?

So steht Italien mit seinen Traditionen und seinen Ideen wie mit seiner Geographie und seinen Rassen in ständigem Widerspruch zur Einheit, indem es im Interesse seiner Glieder, seines Reiches, seines Königtums, seines Papsttums ständig das eine gegen das andere stellt und in diesem ewigen Antagonismus eine unmögliche Synthese sucht. Italien schätzt vor allem die regionalen und kommunalen Freiheiten; es ist föderalistisch und macht daraus keinen Hehl. Zu diesem Zweck wendet Italien sich wiederum an das Reich, und das Reich will der Herr Italiens werden; an das Papsttum, und das Papsttum verrät Italien; an den König, und der König, ein verkleideter Autokrat, stößt Italien zurück. Um die Autonomie zu festigen, verlangt Italien nach Rom; aber was ist Rom ohne das Papsttum? Ein gekalktes Grab. In seiner Ungeduld würde Italien so weit gehen, der Religion ihrer Väter abzuschwören: «Papst weg», skandiert Italien mit den guten Freunden, den Engländern, und findet doch nicht den Mut dazu.

An Beispielen hierfür mangelt es nicht. Italien ließ die Reformation vorbeiziehen und lachte über diese Komödie, die immer wieder im Bett endete: siehe Luther; siehe Heinrich VIII; siehe Landgraf Philipp von Hessen;[1] siehe Jan van Leiden.[2]

Die Französische Revolution kam. Nach dem Sturz des ersten Napoléons und den darauf folgenden Restaurationen bildeten sich in Italien die Geheimbünde der «Carbonari». Dies war die italienische Entsprechung zum französischen Jakobinismus von 1793, mit seiner einen und unteilbaren Republik, seinem Deismus à la Robespierre, «Dio e popolo»,[3] der ultramontan[4] wurde. Fälschung und Anachronismus. Die französischen Jakobiner wurden unter dem Ersten Kaiserreich zu Grafen und Baronen, unter der Restauration zu Komödianten des Liberalismus, nach den Revolutionen von 1830 und 1848 zu Konservativen und Reaktionären. Italien hatte es besser: Die Waiblinger und Welfen dort waren hundertmal besser als unsere bedauernswerten Jakobiner. Jetzt ist der Jakobinismus am Ende: Mazzini hat in Italien keinen Einfluss mehr.[5]

Angewidert vom Jakobinismus und «Carbonarismus» ebenso wie von seinen Waiblingern und Welfen, erklärte Italien sich seit 1859 unter Garibaldis Schirmherrschaft für so liberal wie doktrinär, das will sagen: konstitutionell-

---

1 Philipp I (1504-1567) heiratete, von Luther und Melanchthon gebilligt, das Hoffräulein Margarethe von der Saale (1522-1566) trotz der nicht aufgelösten Ehe mit Christine von Sachsen (1505-1549). Für einen Klerikerfeind wie Proudhon eine moralinsaure «Kritik». Anders liegt die Sache bei Heinrich VIII, weil der «englische Nero» (Melanchthon) Mörder ist.

2 Jan van Leiden (1509-1536) führte in dem von ihm begründeten kurzlebigen münsteranischen Täuferreich die Vielehe ein; er selber hatte 17 Ehefrauen. Nach der Niederschlagung durch den Erzbischof wurde er gemeinsam mit anderen Täufern grausam hingerichtet. Wohl alles andere als eine Komödie, mein lieber Herr Proudhon.

3 Gott und Volk. Slogan von Mazzini.

4 Siehe S. 86, Fn. 3.

5 Hinter diese Einschätzung kann man getrost ein Fragezeichen setzen. Anlässlich des Todes von Mazzini zehn Jahre später schätzt Bakunin seinen Einfluss jedenfalls als nach wie vor verhängnisvoll ein.

monarchisch und bürgerlich. Hier also geht in Italien eine Umstellung vor sich. Fälschung und Anachronismus. Die Italiener wissen mehr über politischen Doktrinarismus und die Schaukelpolitik als wir. Lassen Sie die italienischen Autoren Revue passieren und lesen Sie deren Annalen! Es stimmt, dass die konstitutionelle Monarchie in Frankreich bessere Erinnerungen hinterlassen hat als das Triumvirat von Robespierre, Saint-Just und Couthon;[1] man kann aber sagen, dass wir das nicht mehr sind; und es ist unwahrscheinlich, dass wir dorthin zurückkehren werden. Wenn die konstitutionelle Monarchie, die sich in unserem Land in dreiunddreißig Jahren abnutzte, dem französischen Charakter so wenig entspricht, kann man dann sagen, sie entspreche dem italienischen Charakter besser? Würde Herr de Girardin, der einst der engste Berater von Louis-Philippe war,[2] es wagen, dies zu sagen?

Italien ist auf der Suche nach sich selber und kann sich nicht finden. Zwischen Republiken, Kaisern, Päpsten und Königen hin- und hergerissen, ohne das Rätsel seiner alten Föderationen lösen zu können, ist es aufgewühlt in hilfloser Verzweiflung. Manchmal sieht es so aus, als würde Italien wie einstmals wieder das revolutionäre Banner ergreifen und die Völker endgültig zur Emanzipation führen. Letzte Halluzination, die den historischen Widersinn der italienischen Einheit vollends entlarvt. Garibaldi begnügte sich nicht damit, in seiner Wahlheimat die konstitutionelle Monarchie zu stützen, vielmehr schloss er als Anführer der «Partei der Tat» ein Bündnis mit allen Aristokratien

1 Louis Antoine de Saint-Just (1767-1794). Georges Couthon (1755 bis 1794). Beide wurden nach der Beendigung des Tugendterrors der Jakobiner zusammen mit Robespierre hingerichtet.
2 Louis-Philippe I (1775-1850), «Bürgerkönig» nach der Julirevolution 1830 bis zur Revolution von 1848, aus der das Kaisertum von Napoléon III hervorging.

Europas. Damit wird Garibaldi zum Teil der polnischen Restauration; er konspirierte mit Kossuth[1] und mit den Magyaren; er hofierte die Lords von England. In Wahrheit stammte das berühmte «rote Hemd» nicht aus seiner Zeit. Als Zar Alexander II 1861 den russischen Adel enteignete und den Bauern Freiheit, Eigentum und Gerichtsbarkeit gab; als Kaiser Franz Joseph endlich den Weg einschlug, den der berühmte Wiener Kongress 1814-1815 eröffnet hatte, und Österreich nach der Niederlage im Sardischen Krieg 1859 zu einem repräsentativen und föderalistischen Reich machte; als die arbeitenden Klassen Englands zur Eroberung ihrer politischen Rechte und zur Zerstörung der Monopole marschierten,[2] war das denn die richtige Zeit, der Aristokratie die Hand zu reichen, so wie Garibaldi es tat, um sowohl die Revolution als auch die Nationen in die falsche Richtung zu führen?

Aus dem Weg geräumt von seinen Diktatoren, seinen Journalisten, seinen Helden und seinen Pedanten verschwindet das unglückliche Italien geräuschlos; schlimmer noch, in den Händen seiner politischen Agitatoren ist es zu einem Instrument der Konterrevolution geworden; und wir alle leiden unter Italiens Fehlern und Mängeln.

[1] Siehe S. 77, Fn. 3.

[2] Auf welches Ereignis Proudhon hier anspielt, konnte ich nicht ermitteln. In der Nouvelle Édition wird (S. 237, Fn. 35) auf den sog. «Chartrismus» verwiesen; dieser war freilich 1848 gescheitert (eine Massenversammlung in London, bei welcher die Organisatoren 300 000 Demonstranten erwartet hatten, mobilisierte höchstens ein Sechstel davon; zugleich machte die Bewegung sich mit gefälschten Unterschriften für eine Petition lächerlich). In der Folge gründeten sich zahlreiche, zum Teil auch starke Gewerkschaften, jedoch ein einzelnes Ereignis, das zu dieser Beschreibung Proudhons passt, ließ sich nicht identifizieren. — Im übrigen ist die Aufzählung eine echte Hegelei: Staatsreform, Reaktion und Arbeiterbewegung werden in einem Topf verrührt, um darin die *eine* Geschmacksrichtung des Weltgeistes zu finden. Der aber wehrt sich und will kein Einheitsbrei werden.

IV. POLITÖKONOMIE

Es ist offensichtlich und unmittelbar einleuchtend, dass Italien eine Antieinheit ist, und zwar *erstens* aufgrund der geographischen Beschaffenheit, *zweitens* aufgrund der ursprünglichen Vielfalt seiner Nationen, *drittens* aufgrund seiner komplexen Geschichte. Wenn es sicher ist, dass diese dreifache Unvereinbarkeit der Ausdruck eines dreifachen Gesetzes ist, des Gesetzes der Natur, des Gesetzes des Lebens, des Gesetzes des Geistes, dann fragt man sich, welches Interesse, welchen Vorwand die Führer der letzten italienischen Bewegung hatten, um ihre Bundesgenossen zu einer Politik zu drängen, die zugleich den Traditionen, der Freiheit und der Natur widerspricht. Was ist der Ursprung dieser in Italien so neuen Verschwörung der Willkür gegen die Unabhängigkeit, gegen den Boden, gegen das Blut, gegen den Geist der Italiener?

Nach langem Suchen habe ich Folgendes entdeckt. Das wurde mir bedeutet: «Sie predigen den Bekehrten. Wir alle in Italien sind Republikaner und Föderalisten, genau wie Sie; wir machen uns über Kaiser und Könige genauso lustig wie über Rom und seinen Papst. Aber um all das geht es gar nicht, und Sie haben den Kern nicht getroffen. Die Einheit wollten wir als Mittel des Kriegs und der Garantie. Wir wollten sie, und haben die Föderation abgelehnt: 1. weil wir daran verzweifelten, mit der Föderation genau diejenigen Prinzipien los zu werden, die wir unbedingt los werden wollten; 2. weil, selbst wenn es uns gelungen wäre, sie los zu werden, die Föderation sie unsrer Meinung nach wieder zurückgebracht hätte; 3. weil die Föderation Italiens mit Wiederherstellung der Fürstentümer und dem Papst an der Spitze nicht mehr das gewesen wäre, was wir wollten; 4. weil wir trotz Abwesenheit der gefallenen Fürsten, deren Wiedereinführung wir verhindern mussten, immer noch den Sohn Murats[1] nach Neapel und irgendeinen Bonaparte nach Florenz zurückkehren sehen könnten; Italien will die Bonapartes und die Murats aber ebenso wenig wie die Bourbonen und die Habsburger; denn solange Italien nicht bis hin zur Adria frei ist, wird es sich nicht föderalisieren können; die einzige Möglichkeit, sich zu föderalisieren, ist, wenn es sich befreit, indem es seine Kräfte so bündelt, dass es einerseits Österreich und andererseits dem kaiserlichen Frankreich die Stirn bieten kann.»

Das ist die Idee, die Italiens Patrioten im Herzen tragen, eine Idee, deren Verbreitung die republikanische Bourgeoisie sich zur Aufgabe gemacht hat und von der die sardische Dynastie inzwischen profitiert. Und das ist, worauf ich eingangs geantwortet habe: Lüge und Mystifizierung. Nicht gegen die Kaiser, nicht gegen die Fürsten und nicht gegen das Papsttum ist diese piemontesische Intrige geschmiedet worden, sondern gegen euch selber, ihr armen Italiener, und ich beweise es euch.

Als allgemeine These ist nicht zuzugeben, dass ein Interesse, so groß es auch sein mag, so weit gehen kann, die Natur der Dinge zu verletzen. Aber genau das gilt hier: Die Anwendung der politischen Einheit auf Italien schafft eine so radikale Unmöglichkeit, dass sie nicht einmal die Hypothese zulässt. Es war denkbar, dass, als Frankreich 1814 nach dem Sturz Napoléons zwischen der Republik und der Monarchie schwankte, es die Rückkehr zum legitimen Königtum für die sicherste Option hielt, um die Invasion[2] so schnell wie möglich zu beenden. Könige regierten Frankreich vierzehnhundert Jahre lang; seit der Eroberung durch Cæsar hatte es zwanzig Jahrhunderte lang eine ein-

---

1 Siehe S. 87, Fn. 2.
2 ... eine drohende Besetzung Frankreichs durch die Siegermächte nach der Niederlage von Napoléon I ... abzuwenden.

heitliche Herrschaft gehabt; und seine ethnographische und territoriale Verfassung eignet sich, wie wir sahen, für eine Zentralisierung viel besser als die der Halbinsel. Hier liegen die Dinge anders: Die Einheit wäre Denaturierung eines ganzen Landes, die Entnationalisierung von zehn Völkern; sie wäre die willkürliche Umwandlung von fünfundzwanzig Millionen Seelen, ungeachtet des Bodens, der Rassen und der Ideen. Weshalb der falsche Liberalismus unserer Zeit ein solches Projekt ausheckte, ist ganz einfach zu erklären: Diese Liberalen wollen etwas ganz anderes als das, was die Republikaner wollen. Aber dass aufrichtige Patrioten auf diesen Machiavellismus hereingefallen sind, darüber kann ich mich nicht genug wundern. Hat der Arzt jemals behauptet, dass er, um seinen Patienten zu heilen, zuerst eine Autopsie an ihm durchführen muss? Italien, das sich unter dem Zepter eines Königs vereint, um wieder frei zu werden, erinnert an die Geschichte von Aisons Töchtern,[1] die ihren Vater kochten, um ihn zu verjüngen. Das ist gleichzeitig die Geschichte unserer sogenannten republikanischen und zugleich dynastischen Opposition; jeder kann seit achtzehn Monaten selber beurteilen, welch einen Nutzen die Freiheit bei uns aus ihrem Schwur auf den Kaiser gezogen hat.[2]

In diesem Fall möchte ich hinzufügen, dass all die Behauptungen der Vereiniger falsch sind. Es ist nicht wahr, dass 1860 das föderale Prinzip in Italien entweder mit der Beibehaltung oder der Rückkehr der Fürsten[3] verbunden

---

1 Hier irrt Proudhon. Nach der griechischen Mythologie sind es die Töchter des Pelias, die dies Kunststück vollbringen wollen und ihren Vater derart töten. Bei Aison dagegen ist das Kunststück der Legende nach geglückt.

2 Am 7. Juni 1863 marschierten französische Truppen in Mexiko Stadt ein.

3 In dem unten zitierten Brief von Petruccelli della Gattina (S. 151, Fn. 2) heißt es etwa: «... les autonomistes et les fédéralistes, qui se terminerait par une restauration des princes tombés et de l'Autriche ...»

war, während die Einheit ihnen im Wesentlichen zuwiderlaufen würde. Was in Italien die Einheit repräsentiert, ist, wie die Geschichte beweist, neben dem Katholizismus und dem Papsttum das Reich, der König, das Fürstentum; was den Föderalismus repräsentiert, sind die Städte, ist die Republik. Wie konnte man den Völkern Italiens weismachen, nach dem Sieg von Solferino 1859 sei Weiß schwarz und Schwarz weiß geworden? Zu behaupten, die Föderation wäre für die außen vor stehenden Fürsten günstiger gewesen als die konstitutionelle monarchische Einheit, bedeutete, eine doppelte Unwahrheit zu behaupten, nämlich dass die Föderation seit tausend Jahren konservativ und unbeweglich gewesen sei und dass sie es wieder werden würde, während die Kirche, das Reich, das Königtum, kurz die Einheit, sich stets als reformerisch, fortschrittlich und revolutionär erwiesen hätte.

Es heißt, dass die Vertreibung des Königs von Neapel ebenso wie die der Herzöge von Toskana, Parma und Modena und später die Absetzung des Papstes als weltlichem Fürsten ohne die Einheit nicht möglich gewesen wäre. Darauf erwiderte ich, dass man, wenn man es vom Standpunkt der Personen aus betrachtet, Recht hat: Italien, das einst fünf oder sechs Fürsten hatte, hat jetzt nur noch einen; aber dass man, wenn man vom Standpunkt der Prinzipien aus argumentiert, völlig falsch liegt, da die neue Einheit sowohl als Autorität wie auch als Zentralisierung von weit mehr Gewicht ist als die fünf oder sechs kleinen Staatsoberhäupter von Gottes Gnaden. Es war also eine Lüge, wenn für die Abschaffung der alten Majestäten zugunsten des neuen Königreichs argumentiert wurde. Allein die Teilung Italiens in sechs Fürstentümer stellte einen ersten Föderalismus dar, eine Art Demokratie der Städte, die vom einheitlichen Königreich sich gerade abgeschafft sieht.

Schließlich ist es falsch, dass die Notwendigkeit, die Kräfte Italiens in einer Hand zu bündeln, Vorrang vor allen anderen Erwägungen haben sollte. Indem ich zunächst mit berühmten Beispielen nachwies, dass Konföderationen gleichviel kriegerische Kraft entfalten können wie Monarchien, zeigte ich die Illusion dieses Kalküls auf; sodann legte ich dar, dass, selbst wenn die Vereinigung Italiens möglich wäre, die beiden Kaiser, sowohl als Oberhäupter von Militärstaaten wie auch als rivalisierende Beschützer der durch den Papst vertretenen Katholizität, weiter in Italien bleiben; dass sie immer darin übereinstimmen würden, die Einheit Italiens zu verhindern: Das Ziel ihres Antagonismus jenseits der Alpen ist keineswegs auf die Unabhängigkeit der italienischen Massen gerichtet, vielmehr darauf, ihren eigenen Einfluss zu bewahren. Liege ich mit dieser Einschätzung falsch? Was bedeutet also der Vertrag von Villafranca?[1] Was die Besetzung Roms durch die Franzosen? Wie lautet der Protest von Napoléon III gegen die Eroberung von Neapel?[2] Was war die Konvention vom 15. September 1864,[3] mit dem der vom Bankrott bedrohte König Italiens, der Einheitskönig, anstelle der Franzosen sich verpflichtete, den Heiligen Vater zu schützen? Und ist die Gefahr einer Muratianer-Dynastie in Neapel, einer weitere Bonapartisten-Dynastie in Florenz oder anderswo, auf alle Ewigkeit gebannt? Welche Bedeutung hat nun die Heirat von Prinz Napoléon mit einer piemontesischen Prinzessin?[4] So weit ist es mit dieser stolzen Einheit ge-

1 Siehe S. 124, Fn. 1.
2 Eine formelle Protestnote des Kaisers konnte ich nicht eruieren.
3 Siehe S. 131, Fn. 2.
4 Prinz Jérôme Napoléon (1822-1891), Spitzname «Plom-Plom», ist der Vetter von Napoléon III, der ihn nach der Selbstinthronisierung als Kaiser zum General macht; 1859 heiratet er Marie Clotilde von Savoyen (1843 bis 1911), älteste Tochter von König Viktor-Emanuel II.

kommen! Hierfür sollten die Million Soldaten in Marsch gesetzt werden, die Garibaldi forderte! Es genügte, dass Napoléon III seinem guten Freund Viktor-Emanuel ein Wort ins Ohr sagte, um diesen Freund zu einem treuen und ergebenen Soldaten des Heiligen Vaters zu machen! Die Füchse von der französischen Presse mögen über den Sinn der Konvention vom 15. September 1864 streiten, wie sie wollen, es macht die Unmöglichkeit eines Italiens nicht weniger wahr, das sich zwischen Frankreich und Österreich einordnen möchte, und folglich seine Ohnmacht offenbart hat. «Dankt ab oder macht Bankrott», rief die kaiserliche Regierung durch den Mund des Herrn de Girardin ihm zu. «Das eine wie das andere eine Schande», merkte Herr Petruccelli della Gattina traurig an. Dem erlaube ich mir nur als ein Amen hinzufügen: Wessen Schuld?

Wenn die geäußerten, mehr oder weniger offiziellen Gründe, die für die Vereinigung Italiens angeführt wurden, offensichtlich falsch sind, muss es andere geben, die sie nicht zu sagen wagten; freilich vermögen wir es, sie nach der verhängnisvollen Logik von Intrige und Scharlatanerie ohne Schwierigkeiten aufzudecken. Sie wollten die Einheit Italiens, sie wollten sie um jeden Preis, entgegen seiner geographischen Beschaffenheit, entgegen dem Charakter und den Wünschen seines Volkes, entgegen den Daten seiner Geschichte, schließlich entgegen allen Bedingungen einer vernünftigen Politik: Wir haben es gerade bewiesen. War diese Einheit zumindest aus sozialökonomischen Erwägungen heraus gewollt? Nein, denn was der Freiheit zuwiderläuft, einer guten Nutzung des Bodens schadet, mit den Daten der Geschichte, der Tendenz der Völker und den Notwendigkeiten der Politik unvereinbar ist, vermag auf keinen Fall gutes Wirtschaften zu sein. Werfen wir einen Blick darauf.

Italien ist, wie Frankreich, wie alle modernen Nationen, von der Tarantel der Spekulation gebissen worden. Was die italienische Bourgeoisie will, wie jene, die sie zu Führern und zu Vorbildern macht, ist, Geld zu scheffeln, «make money», viel Geld; es war der unheilige Traum, ihren natürlichen Reichtum in kürzester Zeit zu verwerten, ohne Rücksicht auf die künftigen Generationen, wie wir es selbst getan haben, besonders seit 1830 und noch mehr seit 1852; wie es heute alle Völker auf Betreiben des jüdisch-britischen Molochs tun.[1]

In einem seiner Briefe an Herrn de Girardin macht Herr Petruccelli della Gattina, ein Vereinheitlicher, wie's scheint, in rein menschlicher Hinsicht, aber ein Föderalist aufgrund seiner historischen Kenntnisse und seines glühenden Patriotismus, diese seltsame Aufzählung der Parteien in Italien; ich zitiere aus «La Presse» vom 13. November 1864: Wir sind, sagt er,[2] in Italien

Föderalisten:	2
Republikaner:	weniger als 25
«Partei der Aktion»:[3]	null
Alle anderen:	Regierungskamarilla

Nach Ansicht von Herrn Petruccelli della Gattina, der im Übrigen so freundlich war, mitzuspielen, und der es schade

---

1 Zu Proudhons Antisemitismus vgl. Einleitung, S. 19f; «jüdisch-britischer Moloch», das ist eine genauso entlarvend verquere Wortverbindung wie Bakunins «hebräisch-germanische Sekte» (für die Leute um Marx).

2 Es handelt sich um eine freie Paraphrase, kein Zitat. Vor allem kommt die Wendung *camarilla gouvernementale* nicht darin vor. Die Wendung lautet «... et le reste, nous sommes des républicains *now nothing* [sic], dévoués à l'idée nationale ...». Der englische Ausdruck steht vermutlich für «*know* nothing» und bezieht sich eventuell auf eine kurzlebige, aber einflussreiche Strömung in den USA, die Mitte des 19. Jahrhunderts erstmalig nationalistische Töne anschlug und eine weitere Einwanderung verhindern wollte.

3 «Partito d'Azione» (1853-1867). Mazzini (sowie Garibaldi u. a.).

findet, dass ich es nicht auch getan habe,[1] ist die Partei der Einheit in Italien eine Regierungskamarilla. Wir in Frankreich wissen, was das bedeutet. Regierungskamarilla ist Geschäftspolitik; sie ist, da muss sie beim Namen genannt werden, Korruption. Einheit heißt: Zentralisierung, hohe Gehälter, Pfründe, Monopole, Privilegien, Konzessionen, Bestechungsgelder, große und lukrative Geschäfte, die durch das Eingreifen der Mächtigen von allem befreit sind, was hinderlich ist — das alles sind Dinge, die zusammenkleistern. Schöne Grüße an die Mitglieder der Kamarilla. Mit zwei Worten hat uns Herr Petruccelli della Gattina das Geheimnis der italienischen Einheit verraten. Schon seit langem weht deren Gestank von Turin bis nach Paris herüber.

Wer «Einheit» oder «politische Zentralisierung» sagt, sagt in Wirklichkeit «Welt der Großkotze»;

sagt Zentralisierung des Kapitals;

sagt Zentralisierung des Kredits zu 7, 8, 9 und 10 %;[2]

sagt Zentralisierung aller Hypotheken, Unterwerfung des Eigentums,[3] Wiederherstellung von Großgrundbesitz, Lehen und Majoraten;[4]

sagt etwa Enteignung und Zusammenlegung der Eisenbahnen;

1 In dem Brief findet sich folgende kryptische Wendung: «M. Proudhon est M. Proudhon, et il serait tout le monde, peut-être, s'il était comme tout le monde.» Herr Proudhon ist Herr Proudhon, und er wäre ein Jedermann, vielleicht, wenn er wäre wie Jedermann.

2 Oder, heute, genauso fatal, Aufhebung des *natürlichen* Zinses qua Geldvermehrung durch die Zentralbank.

3 «inféodation de la propriété». Diese Formulierung kann nur den überraschen, der den dialektischen Doppelsinn des von Proudhon geprägten Slogans «Eigentum ist Diebstahl» nicht versteht, da der Begriff des «Diebstahls» den des legitimen «Eigentums» voraussetzt.

4 Majorat oder Primogenitur ist die Regelung, dass der Erstgeborene alles erbt und das Erbe nicht unter allen Kinder des Erblassers geteilt wird. Dies hat die Akkumulation und Erhaltung großer Besitztümer zur Folge.

sagt Monopolisierung der Staatsanleihen;

sagt Feudalismus von Industrie und Handel;

sagt Erhöhung der Steuern, Vervielfachung der Staatsbediensteten, Entwicklung der öffentlichen Ausgaben;

sagt Verschleuderung allen nationalen Eigentums zum Spottpreis;

sagt Bündnis der Bourgeoisie des zentralisierten Staats mit allen Land-, Finanz- und Spekulationsaristokraten der Welt.

Es handelt sich hier um genau die cisalpinen Gallier, die Toskaner, die Römer, die Neapolitaner oder Sizilianer und die Piemontesen selber! In Italien will man nur Italiener haben, so wie man in Frankreich nur Franzose haben will, mithin Leute, die in Wirklichkeit gar nicht aus ihren jeweils eigenen Ländern stammen. Diese entnationalisierten Menschen werden für die Kamarilla nun in zwei Gruppen geteilt: die eine, kleinere Gruppe besteht aus Kapitalisten-Unternehmern-Besitzern aller Sprachen und Herkünfte, die sich für ihre Ausbeutung auf eine starke politische Zentralisierung stützt; die andere, die Gruppe der Unzähligen, besteht aus der hauptsächlich einheimischen Masse ohne Kapital und Eigentum; dies sind die Lohnempfänger des Landes, die umso sicherer von den Vorteilen des öffentlichen Reichtums ausgeschlossen sind, je mehr sie durch ihre Einheitsverliebtheit im Zaum gehalten werden und ihre Ohnmacht sozusagen durch das allgemeine Wahlrecht selber verfügt haben.

Die italienische Einheit besteht noch keine fünf Jahre; erst vor kurzem wurde der Halbinsel ein zentralisierender Merkantilismus eingeimpft; und schon hat die italienische Verschuldung im Frieden fünf Milliarden erreicht, ist so hoch geklettert wie die Kriegsschuld Nordamerikas. Dieses Millionenheer, mit welchem Garibaldi die österreichischen

Truppen vertreiben wollte, existiert nur auf dem Papier;[1] es wird aufgegeben, weil man nicht in der Lage ist, es zu bewaffnen und zu ernähren: Wie würde es aussehen, wenn es notwendig werden würde, die Kosten für einen oder zwei weitere Feldzüge auf sich zu nehmen? Venedig konnte man nicht einkassieren:[2] Man vertröstete auf die Logik der Zeit, Beschützerin der Nationalität. Rom wird der Konvention vom 15. September 1864 gemäß aber bis auf weiteres beim Papst bleiben,[3] es sei denn, der Kaiser der Franzosen lässt diese Konvention zu einem neuen Hinterhalt werden. Die Zentralregierung wird den Sitz verlegen, wofür sie hundert Millionen berappen muss; in der Zwischenzeit hebt sie ringsum die bestehenden Gesetze auf, immer im Interesse der «heiligen Einheit», um überall einheitliche Sitten zu schaffen. Werden also die Abgeordneten Italiens nicht ihre parlamentarischen Konsequenzen ziehen, indem sie die administrative und juristische Einheit organisieren, nachdem sie die politische Einheit ihres Landes schufen, bis es ihnen möglich ist, ihr Werk durch Schaffung einer Hauptstadt zu krönen? Eine Hauptstadt in einem Land, dessen wahres Zentrum das Meer ist, wo folglich keine Hauptstadt entstehen kann, gerade weil es Platz für sechzig Nationen bietet! Das war die große Sorge der italienischen Staatsmänner der letzten Jahre!

Solchen Empirikern schreit eine positive Vernunft vergeblich zu: Die industrielle und merkantile Zentralisierung folgt zwangsläufig der politischen Zentralisierung. Sie ist mit Freiheit, Billigkeit und Reichtum unvereinbar. In je mehr Souveränitäten ein Volk sich aufteilt, desto wahrscheinlicher wird es, dass Eigentum und Einkünfte sich ge-

1 Siehe dagegen S. 86, Fn. 4.
2 Venedig wurde zwei Jahre später angeschlossen, 1866.
3 Rom folgte 1870.

ringer konzentrieren; Arbeit und Dienstleistungen, Grund und Boden und Steuern werden desto gleichmäßiger verteilt, je weiter die Regierung sich einer vernünftigen Anarchie nähert: Aber sie wollen nichts sehen, wollen nichts hören. Plünderung und Verschwendung, Ausbeutung und Schmarotzertum, das ist es, worum es in der Wirtschaft geht; — Lügen, Korruption und Wankelmut, notfalls Erschießung von Abweichlern, das ist es, worum es in der Regierung geht: Das sind die neuen Sitten und Institutionen, die den Italienern mit der Einheit gebracht wurden. Und wenn diesem Volk nach der schrecklichsten Enttäuschung das Herz blutet, wenn Empörung und Scham es ersticken, dann stehen die Herren Petruccelli della Gattina und de Girardin bereit, um ihm das Messer an die Kehle zu setzen und zu sagen: «Unterwerft euch oder geht pleite!» Und wem versuchen diese klugen Leute, die Schuld an diesem schrecklichen Dilemma zu geben? Den Gegnern der Einheit. Es reicht nicht aus, dass die Italiener Opfer der abscheulichsten aller Politik sind; sie müssen bis zum Ende von ihrer Vorzüglichkeit überzeugt bleiben; jeder, der ihnen die Bitterkeit dieser Politik erspart hätte, muss von ihnen für immer als Feind betrachtet werden.

Herr de Girardin stellt mir die Autorität von Sismondi[1] und Gouvion Saint-Cyr[2] entgegen: warum nicht die von Dante und Machiavelli? Auch sie strebten zur Rettung ihres Landes nach Einheit: Letztere gingen sogar so weit, dass sie die Eroberung Italiens durch einen fremden Herrscher wünschten. Warum nicht die Meinung von Alexandre Dumas dem Älteren, einem Mann, der sich rühmt, zwölfhundert Bücher geschrieben zu haben — wann hat der Kerl

1 Siehe S. 55, Fn. 2.
2 Laurent de Gouvion Saint-Cyr (1764-1830), ein napoléonischer Kriegsminister.

eigentlich Zeit zum Denken gefunden? —, die gleichsam dritte Feder unsrer zeitgenössischen Literatur; von seinem Roman gegen die Dynastie in Neapel erscheint gerade der 10. Band in «La Presse» als Fortsetzungen?[1] Während der Lektüre von «La Presse» kommt niemandem in den Sinn, den Herrn de Girardin und A. Dumas diese beiden einfachen Beobachtungen entgegenzuhalten, dass es, um die Politik zu beurteilen, die am besten zu Italien im Jahre 1864 passt, nicht genüge, Dante, Machiavelli, Sismondi oder Gouvion Saint-Cyr zu nennen; man müsste schon in der Lage sein, mit einem Blick die gesamte italienische Geschichte zu erfassen und im Jahre 1864 zu leben. — Was das Königtum von Neapel anbelangt, so war das, was diese Dynastie so abscheulich macht, der Missbrauch des monarchischen Prinzips, mit anderen Worten, das Übermaß an Einheit, und es gab daher Grund zu der Hoffnung, dass die neapolitanische Monarchie nicht vom Haus Bourbon auf das Haus Savoyen übertragen, vielmehr das Königtum selbst abgeschafft werden würde.

Verstehen Sie nun, Herr Redakteur, dass die Meinung des Herrn de Girardin über Italien mir suspekt ist, und dass die Art und Weise, wie er sie in Bezug auf mich gebraucht, wohl keinem anderen Zweck dienen kann, als von der Abscheulichkeit jenes grausamen Wortes, das seiner Aufmerksamkeit entgangen ist, abzulenken: Abrüstung oder Bankrott?

---

[1] Es handelt sich um den historischen Roman «La San Felice» über die unter Ferdinand I (1751-1825) wegen Kollaboration mit den Franzosen hingerichtete Luigia Sanfelice (1764-1800). Er wurde 1942, 1968 und 2004 verfilmt. Bereits 1864 auch auf deutsch erschienen (er muss mithin parallel zum Erscheinen in «La Presse» übersetzt worden sein). Gewiss ein triviales Stück Literatur; gerade darum würde man sich wünschen, der Autor hätte sich mit den *Argumenten* von Sismondi u. a. befasst.

V. VÖLKERRECHT[1]
— SCHLUSS —

«Nun, sagen Sie mir, da Italien Ihrer Meinung nach keines Falles ein einheitliches Land werden kann, da weder sein Territorium, noch seine Rassen, noch seine Vergangenheit, noch seine Politik, noch seine wirtschaftlichen Interessen dies zulassen, erklären Sie mir, was es sein muss, was es tun muss. Ihre Kritik an der Einheit, die Sie wohl reichlich geprüft haben, verpflichtet Sie dazu. Schließlich konnten sie, als Napoléon III die Italiener zu den Waffen rief, den Vorschlag, den er ihnen unterbreitete, ungeachtet seiner Hintergedanken nicht ehrenhaft ablehnen. Sie hätten das Ansehen unter den Völkern verloren. Man erzählte ihnen von der Emanzipation, der Emanzipation bis hin zur Adria, ein Ausdruck, welcher die Schaffung eines neuen Staats für die gesamte Halbinsel zu implizieren schien. Sie mussten marschieren, um die Chance zu ergreifen, die das Schicksal bot. Italien wurde durch den Ehrgeiz einiger weniger und die Tatkraft der anderen geeint: Wir können bloß dem Schicksal die Schuld geben. Die Einmütigkeit der Volksbewegungen, die Verbindung zu den Revolutionen, die Ähnlichkeit der Ideen, haben hier alles bewirkt. Sprechen Sie also und sagen Sie, ohne Andere zu beschuldigen oder sich weiter zu entschuldigen, was Sie gewollt hätten; geben Sie schließlich Ihre Lösung an. Denn es ist nie zu spät, das Richtige und die Wahrheit zu sagen, selbst wenn man vor ‹vollendete Tatsachen› gestellt wird.»

1 Droit Européen: Europäisches Recht oder Europarecht würde heute im Sinne der EU verstanden. Im Anfang des Essays auf S. 111 zählt Proudhon zu den fünf «Hauptelementen» das Völkerrecht («Droit des gens»), das er jedoch bisher nicht behandelt hat, sodass ich auf diesen Begriff hier als Überschrift zurückgreife, obwohl er im Folgenden weder auf das Bezug nimmt, was man unter der Überschrift »Europäisches Recht» noch was man unter der Überschrift «Völkerrecht» erwartet.

Gewiss werde ich in wenigen Worten, ohne Umschweife und Ambivalenzen sprechen, nicht so, wie es einer Versammlung angemessen wäre, die mit der Verfassung eines so großen Landes betraut ist, sondern so, wie es allein ein Ausländer tun kann, der einzig die Prinzipien sieht.

I. — Italien, von Österreich befreit und mit Selbstbewusstsein ausgestattet, hätte zu förderst eines zu tun gehabt: Bevor es souverän über sein Schicksal verfügte, wäre der Stand des europäischen öffentlichen Rechts, der europäischen Tendenzen zu konsultieren gewesen. Man tat nichts dergleichen; Italien handelte im Alleingang seiner Laune: Hierin liegt der erste, der ganz großer Fehler.

II. — Wenn Italien begriffen hätte, dass es mehr denn je im Einklang mit den Völkern marschieren und ihnen notfalls als Vorbild und Wegweiser hätte dienen müssen, hätte es gesehen, was heute die größten Rebellen antreibt, nämlich dass Europa seit 1789[1] und 1815[2] kontinuierlich Fortschritte auf dem Weg zu politischen und wirtschaftlichen Freiheiten gemacht hat; andererseits, dass dieser Fortschritt, was die Organisation der Staaten betrifft, zunächst und vorläufig die konstitutionelle Monarchie, dann bald die föderative Demokratie zum Ausdruck bringt; was die öffentliche Wirtschaft betrifft, die innige Vereinigung von Arbeit und Kapital, mit anderen Worten: Abschaffung von Aristokratie und Lohnarbeit.

III. — Italien hätte sich gesagt, dass die Lösung seines historischen Problems folglich durch den Zustand der Regierungen und die Bestrebungen der Völker angezeigt sei; dass diese Lösung in folgender Formel zusammengefasst werden könne: eine Konföderation, nicht mehr allein zu-

---

1 Große Französische Revolution. — «Kontinuierlich» ist gut hegelianisch; aber Proudhon selber weiß um die Einbrüche, etwa den Tugendterror 1793.
2 Endgültige Niederlage von Napoléon I.

fällig und natürlich, sondern durchdacht und geschworen, in der die Städte ihre Unabhängigkeit, ihre Rechte, ihre Traditionen, mit einem Wort, ihre gesamte Souveränität wiedererlangen würden; was den Schutz der Föderation anbelangt, so darf er nur von innen heraus, aus der Kraft des föderalen Rechts und den Bedingungen des Paktes erfolgen. Man hätte gesehen, dass diese Kaiser, diese Päpste, diese Könige, über die in den Annalen so viel Lärm gemacht wurde und deren Fahrwasser man immer noch folgt, in Italien nur noch im Zustand der Symbolik existierten; dass die politische Realität nicht in diesen Personifikationen liegt und dass der einzige Weg, um zu wahrer Einheit, zu wahrer Sicherheit zu gelangen, darin besteht, mit der Beseitigung dieser götzendienerischen Kreaturen der alten Zeiten zu beginnen.

IV. — Ob Italien unter solch neuen Verhältnissen dem Papst weiterhin Asyl hätte gewähren sollen, nicht so sehr um Italiens selber willen, sondern um der katholischen Welt zu dienen, hätte allein Italiens Angelegenheit bleiben müssen,[1] die, geleitet von den Rossis[2] und den Giobertis,[3]

1 An anderen Stellen klingt es fast so, als *wünsche* Proudhon den Schutz des Papstes durch die französischen Truppen (1862: S. 87f, S. 99; 1864: S. 154). Doch, wie er im Nachsatz zum Mazzini-Essay sagt, heißt, eine immanente Logik des Staats zu benennen, nicht, sie sich zu eigen zu machen (S. 67). Es bleibt jedoch eine Irritation.

2 Pellegrino Rossi (1787-1848), Jurist und Nationalökonom, wurde, nachdem er nur zwei Monate im päpstlichen Kabinett gedient hatte, ermordet. Während der darauf im Kirchenstaat folgenden Revolution musste der Papst ins Exil gehen. Proudhons Sympathie für Rossi kann sich entweder auf dessen Mitwirkung an der Erneuerung der Schweizer Verfassung zum Beginn der 1830er oder der Frontstellung gegenüber dem Jesuitenorden Mitte der 1840er Jahre beziehen (das Letztere wird in der Nouvelle Édition angenommen, S. 248, Fn. 41). Die «Römische Republik», der er zum Opfer fiel, hatte jedenfalls ebenso Proudhons Sympathie (vgl. oben S. 75, Fn. 1).

3 Vincenzo Gioberti (1801-1852), Begründer des «Neoguelfismus», der Vorrangstellung des Papstes, Liberalismus und italienische Einheit zusammenbringen wollte.

eine Umwandlung des Christentums in wichtigerer Weise
hätte fördern können, als es ein Konkordat oder ein neuer
Protestantismus getan hat.[1]

V. — Nichts könnte leichter sein, wage ich zu sagen, als
diesen Plan in die Tat umzusetzen: Es würde bloß gelten,
wie schon gesagt, die in Villafranca 1859 ausgesprochenen
Worte aufzugreifen und dann den moralischen Druck im
Interesse der allgemeinen Föderation auszuüben, der so erfolgreich zum Nutzen des Hauses von Savoyen und seiner
falschen Einheit eingesetzt wurde. Falls Italien in der Lage
gewesen wäre, dies große Werk zu vollbringen, wäre es *ipso
facto*, wie im Mittelalter, zum Zentrum der europäischen
Bewegung geworden, und es hätte einen größeren Ruhm
erlangt als den, den wir Franzosen uns mit der Revolution
1789 errungen haben. Wer weiß, was Italien noch alles tun
kann? Italien wurde vereinheitlicht: Ich hoffe, das wird wie
Schießpulver wirken, das, je stärker es komprimiert wird,
desto explosiver ist.

***

Ja, und ich spreche hier nicht nur für mich, ich spreche für
alle, die wie ich kompromisslos und mit unnachgiebigem
Herzen in den Gesetzen der Natur, der politischen Ökonomie und der Geschichte die Bedingungen der Freiheit
suchen. Euer zentralistisches Italien dauert uns und stört
uns; es ist unsympathisch und reaktionär, und wir wollen
es um keinen Preis. Wir würden es lieber sehen, wenn es
noch hundert Jahre lang österreichisch, bourbonisch,
päpstlich, bonapartistisch oder was auch immer bleiben
würde: dann hätte es wenigstens seinen Rahmen behalten.

1 Als «neuem Protestantismus» bezeichnet Proudhon hier die deistische
Religion, die Mazzini sich als Grundlage für das geeinigte Italien wünschte.

Wollten Sie mir nun als ein letztes Argument entgegen halten, Italien habe nach einer Lethargie von mehr als drei Jahrhunderten und verzehrt in einer so langen Auflösung, nicht mehr die Kraft, seinen Föderalismus zu behaupten, und dass alles, wozu es 1859 fähig war, darin bestand, sich unter dem Schutz Frankreichs als eine spießbürgerliche Monarchie konstituieren zu lassen? Nun, dann sollten wir nicht mehr nach Italien fragen. Italien müsste aus der Liste der Mächte und der Nationen gestrichen werden. Italien hätte sich überlebt. Sollen doch die beiden Kaiser, die darum streiten, sich einigen und es aufteilen: Das wäre dann das Beste, was ihm passieren könnte. Die Föderation wird von allein kommen, und wenn Italien nichts für sich selbst tun kann, so wird es sich zumindest nicht Verrat vorwerfen lassen müssen.

PERSONENREGISTER

154 Seiten · ISBN 978-3-7392-0541-0

124 Seiten · ISBN 978-3-7347-5243-8